HISTOIRE DU THÉATRE

DU

PALAIS-ROYAL

EUGÈNE HUGOT

HISTOIRE

LITTÉRAIRE, CRITIQUE ET ANECDOTIQUE

DU THÉATRE

DU

PALAIS-ROYAL

1784-1884

TROISIÈME ÉDITION

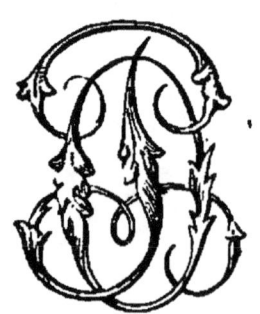

PARIS
PAUL OLLENDORFF, ÉDITEUR
28 *bis*, RUE DE RICHELIEU, 28 *bis*

1886

Tous droits réservés.

HISTOIRE

LITTÉRAIRE, CRITIQUE ET ANECDOTIQUE

DU THÉATRE DU PALAIS-ROYAL

CHAPITRE PREMIER

Le Palais-Royal en 1781. — Construction d'un théâtre à l'extrémité septentrionale de la galerie Montpensier. — Les Petits comédiens de son Altesse Sérénissime Monseigneur le Comte de Beaujolais. — Leur début. — Description de la nouvelle salle. — Le théâtre des Variétés amusantes. — Le théâtre des Variétés (Palais-Royal). — Le théâtre de la rue Richelieu, dit théâtre du Palais-Royal.

Le projet de transformation du Palais-Royal, arrêté depuis longtemps dans la pensée de son opulent propriétaire, le duc de Chartres, depuis duc d'Orléans, ne fut porté à la connaissance des Parisiens qu'au commencement de l'année 1781 ; il y eut à cette nouvelle un indicible moment de stupeur, un *tolle* général. « Chacun cria, dit Mercier, comme

s'il eut été propriétaire du lieu. » Au nombre des mécontents se faisait surtout remarquer Sophie Arnould dont l'appartement, situé rue Neuve-des-Petits-Champs, communiquait de plain-pied dans le vaste jardin. La spirituelle actrice appelait sa charmante demeure « le plus beau *trou-madame* de l'univers » par allusion à un jeu alors fort en vogue. « Malgré le public qui regardait cette pro-
« menade comme une jouissance acquise, malgré
« ses vives clameurs, le duc fit tomber sous la co-
« gnée, les arbres deux fois séculaires de la grande
« allée (1). »

C'est dans cette fameuse grande allée que se trouvait l'arbre de Cracovie (2), ce beau marronnier qui recevait sous son épais ombrage les nouvellistes, les désœuvrés avides de scandales et les lecteurs du *Courrier de l'Europe*, de la *Gazette de Leyde* et des quelques journaux plus littéraires que politiques du temps. L'incendie de la salle de l'Opéra, qui eut lieu vers cette même époque (16 juin 1781),

(1) *Tableau de Paris*. Amsterdam, 1783, in-12, tom. VI, p. 85.

(2) Les amis de la Pologne, lors de son premier démembrement sous la czarine Catherine II, se donnaient rendez-vous sous ce marronnier. De là, son nom d'arbre de Cracovie.

Métra s'installait habituellement en cet endroit pour rédiger sa correspondance.

fit un moment diversion. Cette salle, située à peu près sur l'emplacement de la cour des fontaines, actuellement place de Valois, appartenait au Prince qui avait osé porter une main sacrilège sur la promenade favorite. On ne manqua pas de dire que c'était la juste punition de son acte de vandalisme.

L'œuvre impopulaire fut néanmoins poursuivie avec la plus grande activité. Quand elle fut terminée, quand il fut possible de se rendre compte du tour de force accompli, on fut obligé de convenir, sans cesser pour cela de chansonner le démolisseur (1), que ces changements pourraient avoir leur bon côté.

« Voilà le Palais-Royal renouvelé, rebâti, achevé, « dit Goldoni, dans ses mémoires; on a beau criti- « quer, je n'y entre jamais sans un nouveau plaisir, « et l'affluence du monde qui le fréquente actuelle- « ment, vient à l'appui de mon jugement. Chacun « y trouve à s'occuper utilement, à s'amuser

---

(1) « Le Prince des gagne-deniers,
 « Abattant des arbres antiques,
 « Nous réserve sous ces portiques,
 « A travers de petits sentiers,
 « L'air épuré de ses boutiques
 « Et l'ombrage de ses lauriers. »
Chansonnier historique du xviii° siècle, tom. II, p. 82.

« agréablement : autant les goûts sont différents,
« autant les plaisirs du Palais-Royal sont va-
« riés (1). »

Un peu plus tard, cette peinture apparaît sous des couleurs beaucoup plus vives.

« Le Palais-Royal, dit à son tour Mercier, est
« une petite ville luxueuse, renfermée dans une
« grande ; c'est le temple de la volupté d'où les
« vices brillants ont banni jusqu'au fantôme de la
« pudeur ; il n'y a pas de guinguette dans ce monde
« plus grâcieusement dépravée (2). »

Des salles de spectacle ne pouvaient être que bien venues dans le séjour enchanté qui ne nous est plus représenté que comme un nouveau jardin d'Armide ; aussi personne ne songea, cette fois, à critiquer le duc d'Orléans, quand on apprit que, par son ordre, il allait en être élevé une à l'extrémité septentrionale de la galerie Montpensier.

Cette petite scène qui devait tenir une si grande place dans l'histoire générale du théâtre, et donner accès, par la suite, à de grands et illustres noms, fut inaugurée le 23 octobre 1784, *par des marionnettes*.

(1) Bibliothèque des *Mémoires relatifs à l'Histoire de France*. Paris, Firmin Didot, 1878, tom. VI, p. 463.

(2) *Tableau de Paris*, tom. X, p. 222, Amsterdam, 1783, édit. in-12.

Il fut permis au directeur, un sieur de Lomel, qui avait loué la salle à raison de 15,000 francs par an, de mettre des acteurs de bois, sous la protection d'un Prince du sang et de leur donner le titre de : *Petits Comédiens de Son Altesse Sérénissime Monseigneur le Comte de Beaujolais.*

Ils débutèrent dans trois pièces inédites :

Momus directeur de spectacle ;
Il y a commencement à tout ;
Prométhée ;

Les deux premières de ces pièces furent impitoyablement sifflées. La fable de Prométhée mise en action et mêlée de chant et de danse, obtint, au contraire, un légitime succès et remit le public en belle humeur ; il redemanda les acteurs qui se montrèrent aussitôt et que l'on fit gracieusement s'incliner devant lui. La beauté de la salle apparut alors dans tout son éclat aux spectateurs satisfaits, et l'architecte en titre du duc d'Orléans, le sieur Louis, déjà célèbre par la construction du grand théâtre de Bordeaux, fut unanimement acclamé.

Voici, du reste, comment le nouveau théâtre est apprécié par un critique du temps :

« L'ouverture du théâtre Beaujolais s'est faite
« avec autant d'affluence que celle des Comédies
« française et italienne ; cette salle est charmante
« mais petite. Il y a vingt-deux banquettes dans le

« parquet, deux rangs de onze loges chacun, quel-
« ques loges grillées et des intervalles pour des
« spectateurs debout, en sorte qu'elle peut contenir
« environ huit cents personnes. L'orchestre des
« musiciens est spacieux et le théâtre d'une étendue
« convenable même pour le jeu des machines
« d'opéra. De plain-pied au parquet sont deux
« chauffoirs dont l'un en galerie et l'autre en salon
« carré; ils sont décorés avec autant de goût que
« de noblesse et meublés très élégamment. L'or-
« chestre est excellent; les marionnettes sont bien
« faites et ont assez de vérité, sauf ces vilains fils
« d'archal qui les font mouvoir par en haut et
« dont le spectateur voit tous les mouvements. »

Les auteurs ne manquaient pas cependant à de pareils interprètes; nous citerons parmi les plus accrédités :

Guillemain qui aurait rendu des points à Clairville pour la fécondité ; il composa, dit-on, plus de 400 pièces, et Gorjy, dont les romans eurent à cette époque une certaine vogue. Une comédie-proverbe, intitulée : *Les Amours d'Arlequin et de Séraphine*, qu'il ne dédaigna pas de faire jouer par ces pupazzi, eut beaucoup de succès.

Guillemain était le fournisseur habituel de Séraphin et composa pour son théâtre d'Ombres chinoises, installé vers le même temps au Palais-Royal, le fameux *Pont-Cassé* si populaire encore aujourd'hui. C'est à tort, croyons-nous, que l'auteur de l'*Histoire des Marionnettes*, Charles Magnin, attribue cette petite scène, tirée d'un ancien fabliau, à Dorvigny.

Le théâtre Beaujolais qui s'annonçait sous les plus heureux auspices eut bientôt à lutter contre un puissant voisin. Le duc d'Orléans loua, quelques mois après, aux sieurs Gaillard et Dorfeuille, un emplacement qui répondait à une partie de la cour intérieure actuelle du Palais-Royal. Ces directeurs y firent construire une salle en bois et transportèrent là le privilège des *Variétés amusantes*, exploité simultanément à la foire Saint-Laurent et boulevard Saint-Martin, au coin de la rue de Lancry. Ce privilège leur avait été cédé par un professeur de danse nommé Lécluse. C'est à ces *Variétés amusantes*, alors situées boulevard Saint-Martin, que Dorvigny donna pour dix écus, un jour qu'il était resté en gage au cabaret, *Les Battus paient l'amende*, « farce « qui fit le tour de l'Europe et du monde, dit Mon- « selet, et dont le principal personnage, Janot, est « devenu un des types français les plus caractéri- « sés. Il n'y a pas d'exemple d'une vogue semblable, « vogue d'autant plus grande qu'elle s'abattait sur « un petit théâtre, sur un petit auteur et sur des « Comédiens jusqu'alors inaperçus (1). »

(1) *Les Oubliés et les Dédaignés*, par Charles Monselet, p. 311.

Volange fut la personnification de ce rôle de Janot; il y acquit une réputation immense : « Janot « fut le vrai successeur de Voltaire, dit Mercier ; « trois mois après le triomphe de Voltaire, le pari- « sien oubliant les trente-neuf académiciens qui « restaient, accueillit ce Janot avec le même en- « thousiasme. »

« La Ville et la Cour, dit à son tour Jules Janin, « l'armée et l'église, les magistrats et les savants, « allaient voir Janot; il eut les honneurs de la por- « celaine de Sèvres, son buste fut placé à côté des « plus précieuses chinoiseries ; son portrait a été « gravé sérieusement; toute sa vie enfin a été re- « produite dans une suite de dessins, comme on « eut fait pour la vie d'Alexandre le Grand (1). »

Cet acteur se fit aussi remarquer vers la même époque, dans le rôle de *Jérôme Pointu*, type de vieux procureur auquel il avait su donner une physionomie particulière ; il jouait la nombreuse famille des *Pointu* à lui seul. Il avait une telle facilité, une telle promptitude dans les travestissements qu'il sortait par un côté et rentrait presqu'aussitôt par l'autre. C'est lui qui a commencé ce genre de pièces dites à *tiroirs* que l'on a tant imitées depuis.

Janot fut suivi de *Jocrisse*. Ce nouveau type, sur

(1) *Histoire de la Littérature dramatique*, par Jules JANIN, tom. 1er, p. 300.

lequel nous aurons à nous étendre, et qui n'eût pas moins de succès que le précédent, avait été signalé par Molière : « *Je ne l'aimerais point s'il faisait le Jocrisse,* » dit Martine dans les *Femmes savantes.* »

« *C'est un Jocrisse qui mène les poules pisser* » se disait déjà au temps de Rabelais pour désigner un innocent, un niais, un mari trop complaisant.

Les *Variétés amusantes,* devenues *Variétés Palais-Royal* furent inaugurées le 1ᵉʳ janvier 1785, dans un local peu digne d'elles et qui n'offrait aucune espèce de sécurité aux spectateurs (1). Le spectacle d'ouverture était ainsi composé :

> *Le Palais du bon goût, Prologue ;*
> *Boniface Pointu et sa famille ;*
> *Le danger des liaisons ;*
> *L'enrôlement supposé.*

Les deux premières pièces étaient de Guillemain,

(3) « La salle qui doit inspirer le plus de terreur pour
« un embrasement subit, c'est celle des *Variétés amusan-*
« *tes* au Palais-Royal, et comme elle communique à des
« échoppes de bois doublement rangées sur deux piles,
« il y a de quoi être saisi d'effroi sur le péril que cou-
« rent journellement les spectateurs ; il est vrai que les
« pompes et les pompiers opposent à ce fléau la plus
« exquise vigilance ; mais qui peut calculer la suite d'une
« fatale étincelle jetée au milieu de ce bûcher, formé
« d'allumettes, peint, doré et vernissé ? »
Tableau de Paris, tom. X, p. 59.

les deux autres de Beaunoir, anagramme de Robineau, véritable nom de l'auteur.

Volange, Beaulieu et Bordier, qui ont attaché leur nom au joyeux répertoire de ce petit théâtre, jouèrent dans ces pièces et retrouvèrent leur vogue du boulevard. Bordier, qui était particulièrement aimé, devait avoir une fin des plus tragiques. L'excellent et malheureux acteur fut pendu à Rouen où il avait eu la malencontreuse idée d'aller donner quelques représentations peu de temps après la prise de la Bastille. Fourvoyé parmi des émeutiers qui avaient déjà pillé des magasins d'approvisionnement et qui le mirent à leur tête, on ne sait trop pourquoi, il fut jugé et condamné à mort. Il fallait un exemple aux Normands révoltés contre l'autorité, les magistrats du cru trouvèrent plaisant de le leur donner en sacrifiant un Parisien seulement coupable d'une imprudence.

Bordier avait joué dans une pièce de Pompigny, intitulée : *Le Ramoneur-Prince*, dans laquelle il avait à dire au moment de monter dans une cheminée : « *Monterai-je t'y ou ne monterai-je t'y pas ?* » On a prétendu que lorsqu'il fut au bas de la fatale échelle, il répéta en riant ces mêmes paroles. Le fait est controuvé ; c'est l'un des spectateurs qui se permit cette lâche et cruelle plaisanterie.

Hâtons-nous de dire que ce triste procès fut révisé et que la mémoire du pauvre Bordier fut solennellement réhabilitée.

L'auteur du *Ramoneur-Prince* devait attacher son nom, en 1793, à la plus triste des pièces, il l'intitula : « *L'Époux républicain.* » Ce charmant époux qui possède une femme aristocrate, la dénonce au Comité révolutionnaire et la fait tout bonnement guillotiner. Cet ingénieux dénouement fit acclamer l'auteur par la salle entière.

« Cette pièce, dit l'*Almanach des Spectacles*, respire
« le plus pur patriotisme et mérite le succès bril-
« lant qu'elle a obtenu. »

C'est aux *Variétés* (*Palais-Royal*) que l'acteur Dumaniant fit jouer : *Guerre ouverte ou ruse contre ruse*, le 4 octobre 1786, pièce qu'on lit encore avec plaisir, dont l'intrigue est on ne peut mieux conduite et qui, depuis, a été fort souvent imitée : *Bataille d'Amour*, opéra-comique en 3 actes, de Victorien Sardou et Karl Daclin, musique de Vaucorbeil, joué en 1869, n'est autre chose que la pièce de Dumaniant.

Les deux directeurs s'entendaient à merveille. Dorfeuille, ancien pensionnaire de la Comédie française, était chargé de la partie artistique, Gaillard de la partie financière ou commerciale. Ils conquirent par leur bonne administration, non seulement les sympathies du public et des artistes, mais aussi la confiance du duc d'Orléans. Celui-ci, lorsqu'il eût fait construire le théâtre de la rue Richelieu, ne voulut pas d'autres locataires. Ce théâtre leur fut loué moyennant une somme annuelle de 24,000 livres et pour trente années.

La salle en bois fut démolie et les *Variétés (Palais Royal)* prirent possession de la nouvelle salle de la rue Richelieu qui reçut, le jour de son ouverture, (15 mai 1790), le nom de théâtre du *Palais-Royal*.

La Comédie-Française s'était laissé envahir par la politique. Des querelles intestines produites par des divergences d'opinions ne permettant plus de vivre d'accord, une rupture eut lieu. Talma, Dugazon, Grandménil, Mesdames Vestris, Desgarcins et Lange qui professaient les idées nouvelles se séparèrent de la troupe du faubourg Saint-Germain, et vinrent, à l'appel de Dorfeuille, leur ancien camarade, renforcer celle de la rue Richelieu. On était bien loin, à cette époque, de prévoir les hautes destinées de ce théâtre, issu d'une baraque en bois et qui avait pris la suite des *Variétés-Amusantes*. Les *Comédiens français*, réconciliés et réorganisés en société par un arrêté consulaire, en prirent définitivement possession en 1803.

CHAPITRE II

Transformation du théâtre Beaujolais.— Mimes et acteurs. — Le théâtre Beaujolais considéré comme une école dramatique. — Son succès. — Réclamations des Comédies française et italienne. — Défense de parler ou de chanter de la coulisse. — Le *Deus ex machina*.

Revenons au théâtre Beaujolais, à ses marionnettes. L'arrivée dans leurs parages de l'excellente troupe des *Variétés amusantes* leur avait porté un terrible coup. Pour y parer autant que possible, leur directeur eut une idée lumineuse : Il prit sur lui de faire donner la réplique à ses marionnettes par de jeunes enfants. A ces petits acteurs, qui furent fort bien reçus, s'en joignirent bientôt de plus grands ; le public applaudit à la hardiesse du sieur de Lomel, et il l'encouragea si bien que les comédiens de bois finirent par être complètement délaissés. Ils furent, un beau jour, bien et dûment ficelés et relégués aux accessoires.

On joua des comédies et des opéras-comiques. Les nouveaux artistes s'essayèrent dans des rôles qu'ils devaient se borner à mimer, tandis que de la coulisse d'autres acteurs parlaient et chantaient pour eux. Cela était fait avec tant d'art et de précision, les gestes des uns et les voix des autres étaient tellement simultanés que l'illusion était à peu près complète et que le succès fut des plus grands.

Goldoni, qui, dans ses mémoires, constate le succès des *Variétés amusantes* nouvellement transportées au Palais-Royal, ajoute en parlant du théâtre Beaujolais : « La salle des petits comédiens, établie dans « le même endroit, n'est pas moins fréquentée : ce « sont des enfants qui accompagnent si adroite- « ment avec leurs gestes la voix des hommes et « des femmes qui chantent de la coulisse que l'on a « cru d'abord et l'on a parié que c'étaient les en- « fants eux-mêmes qui chantaient (1). »

Les artistes étaient tour à tour mimes et acteurs. Nous lisons dans certains comptes rendus de pièces jouées sur ce théâtre en 1785 et 1786 :

« Mademoiselle Trial montre de la sensibilité ou « de la gaieté dans les rôles qui en sont suscepti-

(1) Bibliothèque des mémoires relatifs à l'histoire de France. Paris, Firmin-Didot, 1878. Tome VI, p. 455.

« bles, *soit comme actrice dans les comédies ou comme
« mime dans les opéras-comiques.* »

« Mademoiselle Brion, jouant le rôle d'Aminte
« dans ce petit drame lyrique (*Le pouvoir de la na-
« ture, comédie en deux actes mêlée d'ariettes*) montre,
« ainsi que dans beaucoup d'autres pièces, la diver-
« sité de son talent, *tant comme actrice dans les comé-
« dies que comme mime dans les opéras-comiques.* »

« Monsieur Lefort joue avec beaucoup de bon-
« homie et de franchise le rôle de Lysimon. Cet
« acteur joint à un naturel heureux une grande habi-
« tude de la scène. On aime à le voir *comme comé-
« dien et comme mime* dans les pièces de tous les
« genres, dans les financiers, dans les raisonneurs,
« dans les grimes, dans les marquis ridicules, dans
« la grande livrée, dans les crispins, etc., etc. »
On voit que Monsieur Lefort ne mentait pas à son
nom.

Parmi ces acteurs en partie double, dont nous
pourrions étendre la liste, quelques-uns acquirent
de la réputation. Signalons en première ligne *Damas*
et *Michot* qui devinrent sociétaires de la Comédie-
Française.

La représentation du 14 novembre 1787 fut marquée par un triste événement. On jouait le *Nouvel
Œdipe*. Un petit acteur, le jeune Morel, qui devait
tirer un coup de pistolet, s'y prit si maladroitement

que le coup, parti trop vite, lui emporta le pouce de la main gauche. Une femme accourut aux cris du pauvre petit et voulut l'emmener chez elle pour le soigner ; mais toute la salle s'y opposa « la bienfaitrice avait été reconnue pour une fille de mauvaises mœurs. »

Une actrice, la petite Louvain, fit aussitôt une collecte dans la salle qui rapporta plus de six cents livres au blessé. Une représentation à son bénéfice lui valut, d'un autre côté, près de cent louis.

Le coup de pistolet qui avait manqué de tuer le petit Morel fit sombrer la pièce nouvelle. Le *Nouvel Œdipe* fut définitivement enterré.

Parmi les pièces qui suivirent quelques-unes eurent du succès, nous citerons :

Les Déguisements amoureux, de Patrat ;

L'Armoire, de Guillemain ;

Le Fat en bonne fortune, de Radet et Barré ;

La Ruse d'amour, de Maillé de Marencourt.

« On se rappellera toujours avec plaisir, dit le
« *Mémorial dramatique*, de la *Belle Esclave*, de Duma-
« niant, de l'*Heureux Dépit*, de Chapelle, et de quantité
« d'autres jolies pièces. »

C'est dans la *Belle Esclave* que débuta, à l'âge de 12 ans, Mme Mengozzi ; elle était déjà admirablement jolie et on ne l'appelait que la belle Sarah. Cette Mme Mengozzi, qui fut une excellente comédienne, était la mère de Mme Guillemin qui brilla si longtemps au Vaudeville et qui passait pour être la première duègne des théâtres de Paris.

Le succès des *Beaujolais* (c'est de ce nom que le public parisien avait définitivement baptisé l'excellente petite troupe) fut des plus grands ; le directeur, encouragé au delà de ses espérances, ne reculait devant aucune combinaison, ne redoutait aucun obstacle.

« Aux Beaujolais (Palais-Royal), lisons-nous en-
« core à la suite d'un autre compte rendu, on essaie
« et on exerce les sujets dans tous les genres dont
« ils paraissent susceptibles, on peut donc regarder
« comme une École dramatique ce théâtre qui con-
« tinue d'attirer une grande affluence d'amateurs ;
« on y entend de la musique délicieuse des pre-
« miers maîtres d'Italie et de France, fort bien
« exécutée par l'excellent orchestre dirigé actuel-
« lement par M. Leblanc ; de bons chanteurs et de
« bonnes cantatrices, tels que MM. Delboy, de l'A-
« cadémie royale de musique, Labit, Guillot, Ve-
« nier, Dubois, Mme Vincent, Mlles Fournier, Monta-
« riol, etc., etc.; on y joue des pièces agréables ;
« des ballets-pantomimes savamment dessinés et
« fort bien conduits par M. Barré ; on y rencontre
« enfin un grand nombre de jeunes talents dans
« tous les genres, que forment les leçons de M. Pe-

« tit, leur instituteur, et qui méritent et obtiennent
« chaque jour de nouveaux encouragements. »

Ces encouragements, cette faveur persistante du public finirent par porter ombrage aux Comédies française et italienne. Les acteurs privilégiés de ces deux grands théâtres s'émurent d'un état de choses qui prenait de jour en jour de plus grandes proportions et qui pouvait nuire à leurs recettes ; ils dénoncèrent ce déplorable abus au lieutenant de police Lenoir qui prit des mesures énergiques pour le faire cesser. Il fut, dès lors, enjoint au directeur de ne plus employer qu'un seul acteur pour le même rôle. Le pauvre de Lomel eut beau se récrier, faire appel aux sentiments d'équité de l'omnipotent policier, la chose fût tenue pour bien et dûment jugée et il fut fait défense expresse de chanter ou de parler de la coulisse ; mais alors ce que ce spectacle avait de piquant n'existant plus, le public finit par le délaisser.

Le malheureux directeur allait être saisi, vendu et peut-être incarcéré, quand, par bonheur pour lui, éclata la grande Révolution, la nôtre, celle de 1789. Elle ouvrait une ère nouvelle pour les théâtres. Bientôt, avec la liberté de tout dire et de tout jouer, la petite troupe eût un regain de popularité. La liberté des spectacles n'avait pas encore été proclamée mais on la pressentait et l'on usait largement et par anticipation de cette liberté qui ne devait être officiellement établie que l'année suivante.

« Le fameux décret vient de passer, écrit alors
« Mme Fusil, vous ne pouvez vous faire une idée
« de la révolution que cela a produit. La gaze,
« derrière laquelle on jouait et on chantait sur un
« petit théâtre du boulevard, a été déchirée par des
« jeunes gens. Les *Beaujolais*, où l'on mimait sur la
« scène tandis que l'on chantait dans la coulisse, se
« sont mis à chanter et à parler eux-mêmes, enfin,
« ils sont comme des fous (1). »

Le sieur de Lomel put ainsi, quelque temps encore, tenir tête à l'orage qui menaçait de l'engloutir, et parer aux événements jusqu'au jour de l'arrivée, longtemps espérée, du fameux *Deus ex machina* qu'attendent les directeurs en détresse ; il lui apparut enfin sous la forme de Mlle Montansier. Celle-ci, moyennant cinq cent soixante-dix mille francs payés comptant, acheta le théâtre, indemnisa le directeur, dont le bail fut résilié et se mit courageusement en ses lieu et place. Elle fit ce qu'on appelle maison nette, ne gardant de l'ancien personnel que le souffleur, une sorte de Roger Bontemps dont le nez trognonnait ; il l'avait soufflée, il y avait quelque vingt ans, quand elle avait osé

(1) *Souvenir d'une actrice*, par Mme Louise Fusil. Paris, Dumont, 1841. Tome I, p. 154.

se risquer sur les planches, pour la première fois, alors qu'elle était directrice du théâtre de Rouen.

Le théâtre fut momentanément fermé et les affiches annoncèrent sa *prochaine réouverture sous une nouvelle direction.*

L'ancien directeur, complètement désintéressé, voulut de nouveau tenter la fortune ; il transporta ses *Beaujolais*, boulevard du Temple, en face de la rue Charlot, en même temps que, sous un nom d'emprunt, il prenait la direction du théâtre de la rue de Louvois situé sur l'emplacement de l'ancien hôtel de Louvois entre les rues Sainte-Anne et Richelieu (1).

La salle du boulevard du Temple, sur laquelle étaient venus échouer les *Beaujolais* et qui avait servi aux *jeux pyrrhiques*, prit le nom de *Lycée dramatique*. Beffroy de Rigny, plus connu sous le nom du Cousin Jacques, apporta aux pauvres Beaujolais l'appui d'un talent déjà éprouvé. Il composa pour eux un *Compliment d'ouverture* et une sorte de prologue d'inauguration intitulé : *Apollon directeur.* Cette petite pièce fut très bien reçue. On joua peu de temps après, du même auteur, *La Confédération*

(1) Il ne faut pas confondre ce théâtre avec celui dont nous aurons à parler et que fit plus tard construire La Montansier, place Louvois, en face de la Bibliothèque nationale.

du *Parnasse* et *le Retour du Champ de Mars*, opéras-vaudevilles. Dans cette dernière pièce le buste de Louis XVI était apporté sur la scène avec une grande solennité, et de là, transporté avec non moins de pompe au temple de mémoire. Malgré tous ces efforts de mise en scène, la salle restait vide.

« Cette salle est maudite, lit-on dans l'*Almanach*
« *des spectacles,* de 1790. Elle est trop isolée et de-
« vancée par trop de spectacles pour en avoir autre
« chose que les éclaboussures une fois par hasard ;
« il faut deviner qu'il y a là un spectacle. Le sieur
« de Lomel, lisons-nous encore, n'entend absolu-
« ment rien à une direction de théâtre ; il a renoncé
« au titre de *Beaujolais,* mais un titre connu depuis
« six à sept ans et qui a fait fortune est un avan-
« tage inappréciable pour toute entreprise de ce
« genre. »

La vaillante petite troupe dût se trouver d'ailleurs mal à l'aise sur ce nouveau terrain ; elle n'y revit plus son public franc d'allures et toujours bon enfant du *Palais-Royal,* ce public de terroir qui a fait école et qui se retrouve le même encore aujourd'hui. Aussi ne tarda-t-elle pas à se disperser et à aller grossir le personnel errant de la grande phalange dramatique, phalange, « toujours chargée de
« gloire et de misère : misère intelligente et fière,

« au travers de laquelle on retrouve facilement
« l'orgueil du grand seigneur, le drame et ses dou-
« leurs, la comédie et son rire. O toute-puissance
« de cet art fameux que ni la misère, ni l'abandon,
« ni la vieillesse de ses interprètes, n'en puissent
« affaiblir la grâce, l'intérêt et la grandeur (1). »

(1) *Histoire de la littérature dramatique*, par Jules JANIN. Tome II, p. 243.

CHAPITRE III

Mlle Montansier. — Son départ de Bayonne. — Son arrivée à Paris. — Ses différentes directions théâtrales. — Son séjour à Versailles. — Le théâtre de la rue de Satory.— Le *Théâtre des Enfants-de-France*.— Le théâtre de la rue des Réservoirs. — Départ de Mlle Montansier pour Paris.

Avant de suivre Mlle Montansier dans sa nouvelle entreprise directoriale, c'est bien le moins que nous consacrions quelques lignes biographiques à cette femme extraordinaire.

Marguerite Brunet, c'est ainsi qu'elle s'appelait, naquit à Bayonne, en 1730 ; elle suivit, disent la plupart de ses biographes, une troupe de comédiens qui partaient pour les colonies. Nous savons ce que valaient au milieu du XVIIIe siècle ces acteurs nomades qui s'en allaient chercher fortune hors de France, et nous ne pouvons supposer un instant que la jolie Marguerite, élevée d'une façon brillante aux Ursulines de Bordeaux, sous les yeux d'une de ses parentes, l'une des dignitaires du couvent, se soit, de gaieté de cœur, enrôlée dans une de ces troupes aussi excentrique que l'était vraisemblablement celle qui, venant on ne sait d'où, passait par Bayonne en l'an de grâce 1750. Nous aimons mieux supposer, avec M. Victor Couailhac (1), qu'à la mort du père de Marguerite Brunet, qu'il nous dit employé des gabelles, mais qui n'était en réalité qu'un épinglier (2), celle-ci rejoignit, à Paris, sa tante maternelle, une dame Montansier, établie revendeuse à la toilette, rue Saint-Roch, n° 12.

La mine piquante de Marguerite, sa taille petite mais bien prise, son corsage admirablement dessiné, ses grands yeux noirs qu'ombrageaient de fort beaux cils et aussi l'accent pittoresque qu'elle rapportait des bords de l'Adour, ne pouvaient man-

---

(1) *Grandeur et petites aventures de Mlle Montansier*, par Victor Couailhac.

(2) Extrait des registres de l'église cathédrale de Notre-Dame de Bayonne : « Le dix-neuf décembre dix-sept-cent-« trente, a été baptisée par moi, soussigné, Marguerite « Brunet, née la veille, fille légitime de Jacques Brunet, « épinglier, et de Marie Capdeville, sa femme, demeurant « maison d'Anglas, rue Faure. Parrain, Jean Rabraon, « couvreur ; marraine, Marguerite d'Apertiguy de La-« borde. »

quer de faire sensation dans le quartier qu'elle était venue habiter et qui touchait au jardin des Tuileries. Elle y fut bientôt à la mode. Plus d'un grand seigneur se vanta d'être tombé aux pieds de la *Belle Béarnaise*, heureux d'avoir été relevé par les plus jolies mains du monde. Sa réputation suivit le cours de ses conquêtes : elle était à son apogée au bout de dix ans. Ce fut alors seulement qu'une véritable passion, dont on l'avait cru jusqu'à ce jour incapable, vint subitement interrompre une existence toute de galanterie et qui menaçait de s'éterniser. Elle s'éprit, la haute gentilhommerie s'en émut, d'un simple petit acteur. Neuville, qui tenait l'emploi des jeunes premiers dans un tout petit théâtre et qui portait fièrement des vêtements usés jusqu'à la corde et l'épée en verrou ; il devint l'amant aimé de notre héroïne. Dès ce moment, il se fit dans l'existence de Marguerite une transformation complète. Des sentiments artistiques qu'elle était loin de soupçonner se développèrent en elle à ce point qu'elle ne rêva plus que théâtre. Neuville lui persuada facilement qu'elle était faite pour en diriger un, qu'elle était même taillée pour jouer l'emploi des reines ; c'est alors qu'elle obtint, grâce à de puissants protecteurs, ses anciens adorateurs peut-être, le privilége du théâtre de Rouen.

Une fois lancée dans cette voie, Mlle Montansier (elle avait adopté le nom de sa tante) ne devait plus s'arrêter. On a cessé de compter les théâtres qui prospérèrent sous son habile administration ; elle en dirigeait toujours plusieurs à la fois. Elle fit construire le théâtre du Havre ; elle eut, un peu plus tard, le privilége de celui de Nantes, on lui concéda enfin celui de Versailles qui était situé alors rue de Satory.

Neuville cumulait les fonctions de secrétaire, d'administrateur et de régisseur général, il était aussi le voyageur de l'entreprise et courait, selon les besoins, d'un théâtre à l'autre, surveillant les intérêts multiples de la femme supérieure et intelligente à laquelle il s'était entièrement dévoué.

« Des femmes sont directrices de spectacles, dit
« Mercier. Comment un pareil métier leur va-t-il ?
« La demoiselle Montansier a un département co-
« mique qui voyage par le royaume ; elle a des ad-
« judants ; elle règne à Caen, à Rouen ; et c'est un
« privilége, car tout en France, jusqu'à nos plaisirs
« est soumis à des priviléges (1). »

Marguerite n'avait pas pour cela renoncé au désir de plaire, et le pauvre Neuville fut plus d'une fois sacrifié quand naissait quelque nouveau caprice ;

---

(1) *Tableau de Paris*, tome XI, p. 146.

mais elle était trop habile pour lui laisser seulement le temps d'être jaloux.

Marie-Antoinette, qui avait au théâtre Satory une baignoire d'avant-scène à l'année, prenait plaisir à s'y trouver incognito avec la princesse de Lamballe. Un soir qu'on donnait *les Moissonneurs*, pièce de Favart, mêlée d'ariettes et de chœurs dans le genre de celui-ci :

> « Ah! quel régal
> « Notre bon maître,
> « Veut bien paraître
> « Notre égal »

l'odeur de la soupe aux choux que mangeaient les acteurs sur la scène s'étendit jusqu'à la loge royale et l'emplit d'un parfum si suave et si appétissant que la reine fit demander s'il lui serait possible qu'elle prit part au festin. Mlle Montansier fut mise ainsi en rapport avec Marie-Antoinette ; celle-ci fut charmée des attentions délicates de la directrice autant que de son esprit franc et primesautier dont elle s'amusa plus d'une fois. Mlle Montansier entra, en un mot, si bien dans les bonnes grâces de la reine, que Marie-Antoinette lui fit plus tard l'honneur de l'admettre à ses petits levers.

La reine ne manquait aucune occasion de donner à sa protégée des preuves de sa bienveillance ; elle voulut, par exemple, lors d'une représentation de *M. de Pourceaugnac* qui devait avoir lieu devant la cour, que Mlle Montansier, malgré son accent, dont l'étrangeté ne lui avait pas permis de débuter à Paris, jouât le rôle de Lucette. Elle se vantait d'avoir été parfaite dans ce rôle ; « aussi toute la cour était-elle venue la complimenter sur l'effet inattendu qu'elle avait produit. »

Il y avait alors à Versailles un théâtre d'*Ombres chinoises* si mignon, si coquet, si parfaitement établi, que de jeunes altesses y furent plus d'une fois amenées par leurs gouvernantes et que le roi Louis XVI, à l'occasion de son avènement au trône, en 1774, fit délivrer au directeur un privilège exclusif qui lui permettait de donner à sa *bonbonnière*, le titre de *Spectacle des Enfants-de-France*. Ce directeur n'était autre que le fameux *Séraphin*.

Séraphin, ayant été jugé digne des faveurs du roi, crut pouvoir aspirer, lui aussi, à celles de la directrice du théâtre de Versailles, mais elle repoussa ses prétentions avec une noble fierté. Le pauvre impresario, dont le cœur était cruellement atteint, en fit une maladie. On prétend que c'est ce qui le décida à venir s'installer à Paris. C'est le 8 septembre 1784 que fut inauguré, galerie de Valois, son spectacle d'*Ombres chinoises*. Son neveu, *Séraphin Joseph-François*, qui lui succéda en 1799, fit les délices de plusieurs générations de bébés, et ne quitta le Palais-Royal qu'en 1859.

La petite salle de la rue de Satory étant devenue insuffisante, l'habile directrice obtint, sans peine, l'autorisation d'en faire construire une beaucoup plus vaste, rue des Réservoirs. C'est celle qui existe encore aujourd'hui. L'inauguration en eut lieu en 1777, avec un prologue d'ouverture du *Chevalier Aude*. Nous aurons à nous étendre sur cet auteur qui puisa au cabaret le sujet de ses farces triviales et fut le créateur d'un des types les plus accentués de notre théâtre.

« La troupe de Versailles, dit Charles Maurice, « qui promet une favorable concurrence à la Co- « médie-Française est des plus heureuses ; on y « distingue La Rochelle, Florence, Neuville, Pa- « trat, Perseval, Mmes Pitrot, Pezat, etc., etc (1).. »

Cette troupe eut un moment pour régisseur Malherbe, qui débuta en 1778 au Théâtre-Français, et devint plus tard sous le nom de Boursault-Malherbe, directeur du Théâtre-Molière. Ce fut lui qui s'adressant à M. de Breteuil, lui proposa de créer *une administration générale relative à tous les comédiens du royaume en ce qui concerne l'exercice de leur état.* Ce projet qui donnait les bases d'une association en tous points conforme à celle qui existe aujourd'hui et dont l'idée est à tort attribuée au baron

(1) Le Théâtre-Français. *Monuments et dépendances.* Paris, Garnier frères, 1860, p. 94.

Taylor, n'obtint pas l'assentiment du ministre.

Mlle Montansier déploya, rue des Réservoirs, l'intelligence dramatique dont elle avait donné tant de preuves rue de Satory ; les amateurs de spectacle ne pouvaient oublier que des sujets remarquables s'étaient formés dans ce théâtricule. Non seulement Dugazon, qui devait être le professeur de Talma, en était sorti ; mais aussi Tiercelin, qui eut depuis, un si grand succès dans les *Savetiers* et les *Forts de la Halle*, qu'il donna son nom à son emploi.

Comme Molière, Tiercelin était fils d'un tapissier dont les ancêtres avaient été au service du roi (1).

Mlle Montansier obtint encore, grâce à la protection persistante de la reine, la direction des théâtres des autres résidences royales : Saint-Cloud, Marly, Fontainebleau et Compiègne. Quand, plus tard, Marie-Antoinette eût projeté de jouer la comédie avec les dames de la cour, et qu'un professeur de déclamation fut jugé nécessaire, il ne tint qu'à un fil qu'on ne désignât pour remplir ces hautes fonctions, l'ancienne élève des Ursulines. Il ne fallut rien moins que la grande autorité du duc de Duras pour empêcher cette nomination qu'il traitait de ridicule ; faisant, à propos, remarquer que l'accent de la Montansier n'avait rien perdu de sa saveur béar-

(1) On lit dans les almanachs du temps le nom d'un Etienne Tiercelin, tapissier, valet de chambre du roi.

naise et qu'il était absolument nuisible aux leçons qu'il s'agissait de donner. La reine finit par se ranger à l'avis du premier gentilhomme de la Chambre et Dazincourt fut nommé à l'emploi en question.

Ce fut vers cette même époque (1785) que l'usage s'établit d'essayer sur le théâtre de Versailles, les artistes qui devaient débuter au Théâtre-Français. Cet usage, auquel s'attachèrent les comédiens de notre première scène, ne fut aboli qu'en 1801, par le ministre Chaptal (1).

Mlle Montansier, que la reine avait comblée de ses bienfaits, trouva enfin l'occasion de lui prouver sa reconnaissance : Lorsque l'Assemblée Nationale obligea la royauté agonisante à quitter Versailles, la directrice déclara qu'elle n'abandonnerait pas sa souveraine. Elle pénétrait dans Paris au mois d'octobre 1789, le jour même où le roi et la reine faisaient leur entrée solennelle aux Tuileries.

(1) « La tragédie sacrifiée dans les départements à des
« inepties lyriques, dit l'arrêté du ministre, ne peut être
« soutenue qu'à Paris, et c'est à Paris que les débuts de
« ce genre doivent être fixés... J'ordonne donc qu'à l'a-
« venir nul ne soit tenu de commencer ses débuts à Ver-
« sailles. »
(Le Théâtre-Français. *Monuments et dépendances*, par Charles MAURICE. p. 175.)

CHAPITRE IV

Réouverture du théâtre Beaujolais sous la direction de Mlle Montansier. — Théâtre Montansier. — *Le Sourd ou l'Auberge pleine.* — Baptiste Cadet. — Les Acteurs du théâtre Montansier à la fête de la Fédération. — La Tragédie au théâtre Montansier. — Les demoiselles Sainval. — Débuts de Mlle Mars.

Le théâtre Beaujolais rouvrit ses portes le 12 avril 1790 sous la direction de Mlle Montansier. Il prit le même jour le nom de sa directrice.

L'Almanach général des Spectacles nous donne ainsi qu'il suit le prix des places et le nom des personnes attachées à l'administration :

PRIX DES PLACES :

Premières loges	3 livres.	
Secondes loges	2 —	
1er Amphithéâtre	3 —	
2e —	1 —	10 sous.
Parquet assis	1 —	10 —
Paradis	1 —	4 —

ADMINISTRATION :

La demoiselle Montansier, directrice ;
Bourdon de Neuville, directeur ;
L'abbé de Bouyon, intéressé ;
Verteuil, régisseur ;
Caumont, caissier ;
Derville, contrôleur.

Cet abbé de Bouyon, qu'on ne peut voir sans quelque étonnement figurer sur cette liste, était un des plus fervents admirateurs de Mlle Montansier ; il l'avait jadis tendrement aimée, à ce que l'on prétend, mais cet amour s'était, avec l'âge, transformé en une bonne et franche amitié. Le bon abbé était accouru à un premier appel de fonds.

Le spectacle d'inauguration était ainsi composé :

Les Époux mécontents, opéra-comique en trois actes, paroles de Dubuisson, musique de Storace ;

Le Sourd ou l'Auberge pleine, comédie en trois actes, de Desforges.

Ces deux pièces furent précédées d'un *Compliment d'ouverture* du Cousin Jacques.

« Le public trouva la salle trop petite et les « acteurs trop grands, » lisons-nous dans *l'Almanach des Spectacles de* 1790.

La dernière pièce n'en eut pas moins un succès considérable, un de ces succès qui font époque.

Elle fut payée six cents livres, somme qui parut alors exorbitante.

« L'ouvrage reçu, quand l'intermédiaire porta à
« Desforges les vingt-cinq louis offerts à titre d'ac-
« quisition *définitive,* celui-ci se récria sur l'énormité
« de cette somme, comparée à la faiblesse d'une
« telle *parade.* Cependant deux cents représenta-
« tions s'ensuivirent et la direction gagna cinq cents
« mille francs. Ajoutons, pour être juste, qu'elle
« avait eu la générosité de donner vingt-cinq
« autres louis à l'auteur, à la cinquantième (1). »

Tout Paris accourut pour voir Baptiste Cadet dans le rôle de d'Asnières, il y était inimitable.

« Cet acteur ne fit pas moins de plaisir plus tard,
« au théâtre de la rue Richelieu ; il était difficile
« d'être plus plaisant dans les niais et les carica-
« tures ; lorsqu'on lui voyait jouer le créancier des
« *Étourdis,* Agnelet de l'*Avocat Patelin* et l'huissier
« de l'*Intrigue Épistolaire,* il était impossible de se
« défendre d'un rire inextinguible (2). »

« Il est peu de personnes qui n'aient vu Baptiste
« Cadet dans le rôle d'*Alain,* dit à son tour
« Alexandre Duval dans sa notice sur les *Héritiers.*

---

(1) *Histoire anecdotique du théâtre,* par CHARLES MAURICE Tome I, p. 20.

(2) *Histoire du théâtre français,* par ÉTIENNE et MARTAIN-VILLE. Paris, Barba, 1802. Tome II, p. 218.

« La vérité de son jeu, le comique de ses manières
« laisseront de joyeux souvenirs et de longs
« regrets. »

L'*amateur du théâtre français* nous le peint dans ses *Souvenirs* avec « un long corps, des jambes sans fin, une longue figure et des bras qui n'en finissaient pas. » On croit le voir.

La nouvelle direction ne s'endormit pas sur son succès « mademoiselle Montansier, qui n'avait pas
« de répertoire, sut, en six mois, s'en former un
« très varié et très piquant (1). » Elle fit représenter jusqu'à la fin de la saison théâtrale, c'est-à-dire en moins d'un an, une dizaine de pièces nouvelles. Nous mentionnons parmi celles qui méritent d'être citées :

L'Épouse imprudente et le Tuteur célibataire, comédies de Desforges, l'auteur à succès ;

Isabelle de Salsbury, opéra-comique en trois actes, paroles de Fabre d'Églantine, musique de Devienne ;

Enfin, *Les Précieuses ridicules*, mises en opéra, paroles « arrangées » par Moline, musique du même Devienne.

Moline *arrangeant* Molière a dû paraître quelque peu hardi et faire sourire alors plus d'un lettré. Il n'était pas cependant sans mérite ce Moline : On

---

(1) *Almanach des Spectacles de* 1792.

lui doit le livret d'*Orphée* sur lequel le chevalier Gluck a brodé sa superbe musique. N'est-il pas cause aussi que nous avons tous entonné plus ou moins bien le fameux air de :

J'ai perdu mon Eurydice

remis à la mode par Mme Viardot, lors de la reprise au Théâtre lyrique, il y a une vingtaine d'années, de l'opéra en question.

L'audace de Moline rencontra alors des imitateurs.

Le *Médecin malgré lui,* mis en opéra-comique par Désaugiers fils, musique de Désaugiers père, fut représenté au théâtre Feydeau le 26 janvier 1792.

Mlle Montansier voulut profiter des vacances pour donner plus d'extension à son théâtre et conclure des engagements qui lui permissent d'y faire jouer la tragédie ; elle caressait ce rêve depuis longtemps. Quelque zèle qu'elle apportât à réaliser ce grand projet, il lui fallut plusieurs semaines pour le mettre à exécution.

On était arrivé au mois de juin ; il n'était plus question alors que de la fête de la Fédération, par laquelle on devait célébrer le premier anniversaire de la prise de la Bastille ; le gouvernement, jugeant les travaux peu avancés et craignant qu'ils ne fussent pas terminés à temps, mit en réquisition

tous les habitants de bonne volonté. « Cette invi-
« tation civique électrisa toutes les têtes, les
« femmes partagèrent l'enthousiasme et le propa-
« gèrent; on vit des séminaristes, des écoliers, des
« chartreux quitter leurs cloîtres et courir au
« Champ-de-Mars, une pelle sur le dos (1). » On
s'organisa par compagnies, par corporations. Les
théâtres se signalèrent dans ce mouvement patriotique. Mlle Montansier, précédée de son orchestre,
se mit résolument à la tête de ses artistes ; Neuville, son ex-régisseur, devenu depuis peu son
associé, placé en serre-file, mettait à l'amende les
traînards. On chantait, on riait, on se bousculait.
Ce fut une joie indicible. Les dames trouvaient là
matière à coquetterie; elles inventèrent un costume
qui put résister à l'action de la poussière : une
simple blouse de mousseline grise, suffisamment
échancrée, des petits brodequins et des bas de soie
de même couleur, une écharpe tricolore et un grand
chapeau de paille les rendaient jolies à croquer.
Leurs outils consistaient en bêches et râteaux fort
légers, ornés de rubans et de fleurs.

Les auteurs ne manquaient pas à ces joyeuses
corvées. Le Cousin Jacques s'y faisait remarquer

(1) *Histoire de France*, par HENRI BORDIER et ÉDOUARD
CHARTON. Paris, 1878. Tome II, p. 458.

par sa bonne humeur. On bêchait, on brouettait la terre. Les dames se mettaient dans les brouettes pour se faire ramener à leur place, tant et si bien qu'au lieu d'accélérer les travaux, elles les entravaient.

« On nous dispensa bientôt, dit Mme Fusil, des
« promenades au Champ-de-Mars, à notre grand
« regret, car cela était très amusant (1). »

Il était temps ; le devoir patriotique avait nécessairement interrompu les répétitions, entravé tout travail sérieux. La directrice avait cependant pu compléter sa troupe qui, bientôt, ne laissa plus rien à désirer.

« Il eut été difficile d'en réunir une plus riche en
« talents : les deux demoiselles Sainval étaient
« engagées, l'une pour l'emploi des reines, l'autre
« pour celui des princesses. Grammont, qui avait
« récemment quitté la Comédie-Française, devait
« jouer les tyrans ; les premiers rôles devaient
« être remplis par Dufresse et Lacave. On y
« voyait encore, avec plaisir, mademoiselle Mars,
« l'aînée (2). »

L'un de ces artistes, Grammont, se rendit triste-

(1) *Souvenirs d'une actrice*, par Mme Fusil. Paris, 1841. Tome I, p. 168.
(2) *Histoire du théâtre français*, par Étienne et Martainville. Tome II, p. 177.

ment célèbre. Improvisé général de l'armée révolutionnaire, il eût le fatal honneur de commander le cortège le jour de l'exécution de Marie-Antoinette. Cela ne l'empêcha pas d'être impliqué plus tard dans un complot royaliste et condamné à mort. Il fut conduit à l'échafaud avec son fils, dont il avait fait son aide de camp. Le brave garçon avait vainement tenté de sauver son père en assumant sur lui seul toute la responsabilité du crime dont ils étaient, assure-t-on, injustement accusés.

Dufresse, parvenu également au grade de général, fut plus heureux. Dénoncé à son tour comme suspect, il fut jugé et acquitté. Il rejoignit alors l'armée de Sambre-et-Meuse où il se distingua. On le citait, en 1802, comme l'un de nos meilleurs généraux de brigade.

Les demoiselles Sainval, devenues les étoiles du théâtre Montansier, appartenaient à une excellente famille (1), leur mère avait été attachée au service de la reine Marie Leczinska, leur père était chevalier de Saint-Louis. L'aînée des deux sœurs passait pour laide, mais elle avait un talent remarquable. On ne pouvait concevoir qu'un simple mot dit par elle produisit un tel enthousiasme, mais ce mot

(1) Leur nom de famille était Alziary de Roquefort. L'une d'elle fit, en 1791, l'acquisition de la petite île Saint-Honorat, près de Cannes, et y fixa sa résidence.

était si bien préparé par un silence, par un coup d'œil, un jeu de physionomie, que l'effet tenait du prodige. Mlle Sainval cadette, un peu moins laide que sa sœur, se montrait admirable de sensibilité et d'âme « dans les jeunes princesses et surtout « dans les *Iphigénies.* »

Les deux sœurs, également aimées du public, étaient brouillées depuis longtemps quand eut lieu, au théâtre Montansier, une représentation de *Sémiramis*. L'aînée jouait Sémiramis, la cadette, Azéma ; dans la scène où Sémiramis embrasse Azéma, les spectateurs, au courant de la brouille des demoiselles Sainval, applaudirent avec transport. On cria : « bis ! » de tous côtés. Les deux sœurs, attendries jusqu'aux larmes, se jetèrent dans les bras l'une de l'autre, au grand contentement de la salle entière qui partageait leur émotion. Cette réconciliation, cimentée par des applaudissements, ne fut plus jamais troublée.

On reprit *Mutius Scevola* de Durger. Cette tragédie n'avait pas été représentée depuis 1646. Quelques allusions patriotiques produisirent un grand effet et en assurèrent le succès.

Mlle Montansier allait reprendre *Mérope*, lorsque la pièce fut interdite sous prétexte qu'il s'y trouve une reine en deuil, pleurant son mari et désirant ardemment le retour de deux frères absents. On trouva que cette situation avait quelque analogie avec celle de la famille royale.

La troupe du théâtre Montansier, nous l'avons dit, était excellente; malheureusement, le cadre ne comportait pas un pareil genre. « La salle, disent « les auteurs de *l'Histoire du Théâtre français*, érigée « en temple de Melpomène, était à peine assez « grande pour servir de temple à Momus (1). »

La mort d'Abel, tragédie d'un jeune homme nommé Chevalier, démontra clairement que Melpomène, pour nous servir du style du temps, n'était pas là sur son véritable terrain. Les contorsions de Grammont (Caïn) et celles de Damas (Abel) dont aucune n'échappait à des spectateurs trop rapprochés, parurent d'autant plus effrayantes que le *réalisme* était encore loin de faire école.

Mlle Montansier dut, après cette dernière tentative, renoncer à un genre qui l'entraînait dans des dépenses considérables et qui semblait ne devoir lui rapporter que des succès d'estime.

Les alexandrins furent à jamais bannis de son théâtre à la grande joie du public; l'opéra-comique, le vaudeville et le ballet y reparurent plus pimpants que jamais pour y régner désormais sans partage. On reprit :

(1) *Histoire du théâtre français*, par ÉTIENNE et MARTAINVILLE. Paris, Barba, 1802. Tome II, p. 218.

Les Événements imprévus, de d'Hèle ; *le Tableau parlant,* d'Anseaume, et *le Désespoir de Jocrisse,* de Dorvigny.

On crut rajeunir les deux premières pièces en substituant une musique nouvelle à celle de Grétry. Ferrari composa celle des *Événements imprévus,* Mengozzi celle du *Tableau parlant,* un des bijoux les plus finement ciselés du maître. Ils ne réussirent tous les deux qu'à faire regretter sa musique.

Ce Mengozzi s'attaqua aussi à Molière et fit de *Monsieur de Pourceaugnac,* un opéra qui fut joué peu de temps après.

D'Hèle, l'auteur des *Événements imprévus,* était Anglais. Son véritable nom était *Hales,* il n'avait eu que la peine d'en franciser l'orthographe, sans en changer la prononciation. C'était une sorte d'original qui passait pour ne pas se gêner avec ses amis. Il va un jour chez l'un d'eux qu'il ne trouve pas ; en attendant il avise une superbe culotte qu'un tailleur venait d'apporter ; il la met en échange de la sienne usée jusqu'à la corde. Le propriétaire de la culotte, après l'avoir longtemps cherchée, la retrouve un jour sur son ami qui s'excuse en prétendant qu'il n'a voulu que la lui emprunter.

Du reste, il ne rendait pas plus l'argent que les culottes. Un de ses prêteurs, ennuyé d'attendre, se fâche un jour tout rouge et l'injurie au point que les

épées sortent du fourreau; d'Hèle, qui était de
première force à l'escrime, fit sauter l'épée de son
adversaire : « Si je n'étais votre débiteur, lui dit-il,
« je vous tuerais ; mais j'ai le malheur de vous
« devoir et je vous pardonne. » Il mourut en 1780,
usé par les excès; il avait à peine quarante ans.
Son plus grand succès fut le *Jugement de Midas*,
opéra-comique en trois actes, joué au Théâtre-Italien, dont Grétry avait également fait la musique.

Le Désespoir de Jocrisse, joué dans la même soirée
mérite une mention particulière. La plus jeune fille,
de Monvel y débuta sous le nom de Mars, cadette,
dans le rôle du frère de Jocrisse ; elle avait à peine
douze ans. Sa sœur, qui jouait au théâtre Montansier sous le nom de Mars, l'aînée, veillait et l'encourageait dans la coulisse. Baptiste Cadet, qui
jouait Jocrisse, lui donnait la réplique et lui tendait
paternellement la perche. Le public applaudit la
petite comédienne; il était loin de se douter que
les encouragements donnés à la jeune enfant devaient s'appliquer à l'une de nos plus grandes illustrations dramatiques, à l'éminente artiste dont on
a pu dire : « qu'elle était toute la comédie de son
« temps (1). »

La débutante joua son rôle avec une aisance qui

(1) *Histoire de la littérature dramatique*, par JULES JANIN.
Tome II, p. 93.

trahissait son origine de fille et de sœur de comédiens. C'était, en effet, ce qu'on appelle vulgairement *une enfant de la balle*. Sa mère et sa sœur, alors qu'elles faisaient encore parties de la troupe de Versailles, avaient déjà trouvé l'occasion de lui faire jouer quelques bouts de rôles, notamment celui du *Plaisir*, dans un divertissement appelé les *Étrennes*.

Mais ces quelques essais avaient eu lieu sans la moindre conséquence et ne pouvaient être considérés comme des débuts ; ceux-ci ne datent, et c'est une grande gloire pour le théâtre du Palais-Royal, que de l'apparition de l'artiste à la salle Montansier.

Monvel fondait les plus grandes espérances sur cette enfant ; il avait dit plusieurs fois : « qu'elle irait loin, qu'elle les éclipserait tous ». Il était cependant lui-même un des plus grands comédiens de son temps. Talma ne craignait pas d'avouer qu'il devait beaucoup à ses conseils et à son exemple. On garda longtemps le souvenir « de la simplicité noble qu'il déployait dans la scène d'*Auguste* avec *Cinna*, de son énergie dans *Don Diègue* du *Cid*. » Il eut du succès comme auteur dramatique. Sa comédie de *l'Amant bourru*, son drame des *Victimes cloîtrées* eurent un immense retentissement. Quand cette dernière pièce fut représentée, Monvel avait déjà enrichi le théâtre de l'Opéra-Comique d'une quantité de jolis ouvrages : *Blaise et Babet* fut, entre tous, celui qui eut le plus grand nombre de représentations ; il est vrai que Mᵐᵉ Dugazon jouait le rôle de Babet.

Dans cet opéra, la charmante femme avait à chanter trois couplets qui ont pour refrain :

> « Il répétait sur sa musette
> « La chanson que chantait Lisette. »

cela donna l'idée à quelques jeunes gens de lui jouer le même tour qu'on joua jadis à Galand le traducteur des *Mille et une Nuits*. Ils s'en allèrent au milieu de la nuit réveiller Monvel pour savoir de lui quelle était la chanson que chantait Lisette. L'artiste prit fort bien la plaisanterie et comme il commençait à pleuvoir, il leur dit, c'est :

> « Il pleut, il pleut bergère. »

et il les engagea à monter. Par ses soins on servit des rafraîchissements à ces étourdis qui, fort enchantés de lui, se confondirent en excuses, et se retirèrent en lui disant qu'ils n'avaient pas cependant le courage de se reprocher une folie grâce à laquelle ils avaient passé une heure si agréable.

Cette année 1792 fut marquée par un événement théâtral de la plus grande importance. Le 12 avril avait lieu, rue de Chartres, l'ouverture du théâtre du Vaudeville.

Un théâtre voisin plus spacieux, plus confortable que le sien et jouant à peu près le même genre devait nécessairement porter ombrage à Mlle Montansier ; l'infatigable directrice ne vit d'autre moyen pour parer à la terrible concurrence que la construction d'une salle encore plus vaste et mieux située que celle de la rue de Chartres ; elle jeta les yeux sur un terrain situé en face de la bibliothèque et compris dans l'emplacement que forme aujourd'hui la place Louvois. Une fois son dessein bien arrêté, elle mit tout en œuvre pour réussir. Elle ne négligea pas pour cela son cher théâtre, celui qui portait son nom ; elle le regardait comme son œuvre, il devait être longtemps encore l'objet de ses prédilections.

La longue liste des ouvrages qu'elle y fit représenter de 1791 à 1792 témoigne de la prodigieuse activité de la direction. Aucun de ceux-là n'ayant survécu, il nous paraît inutile de les ressusciter en en dressant la liste ; une pareille nomenclature serait d'ailleurs peu intéressante.

Le Roi et le Pèlerin, opéra en deux actes, paroles de Lavallée, musique de Foignet, dont l'*Almanach des Spectacles* constate le très grand succès, mérite cependant d'être mentionné.

Nous devons également faire une exception en faveur de *Jean Gilles, frère de Jocrisse*, pièce en deux actes de Dorvigny, jouée cette même année et qui servit de début à Volange. Janot avait eu la funeste idée en quittant les *Variétés amusantes*, d'aller s'essayer sur une grande scène. Il y fut reçu très froidement. Lui qu'on avait tant acclamé au boulevard ne fit pas seulement sourciller au Théâtre-Italien. Le cadre n'était pas là en rapport avec son talent, talent de convention qui ne repose le plus souvent que sur le caprice ou l'engoûment momentané du public. Le véritable comédien n'a pas à redouter de semblables déceptions. Janot, en *frère de Jocrisse*, retrouva cependant au théâtre Montansier un peu de son ancienne popularité.

Le 14 août 1792, le théâtre donna une représentation « au bénéfice des *frères morts* (sic) » à la journée du dix. On sait que les Suisses qui défendaient les Tuileries dans cette journée furent presque tous tués et qu'il y eut dans le peuple plus de quatre mille morts. Le principal attrait de cette soirée fut un « hymne funèbre à grands chœurs » paroles de Lavallée, musique de Frédéric Lemierre. Cet hymne fut redemandé et exécuté plusieurs jours de suite.

CHAPITRE V

Le salon de Mlle Montansier. — Camille Desmoulins. — La Patrie en danger. — La compagnie Montansier. — Jemmapes. — Représentation sur le champ de bataille. — Théâtre de la place Louvois. — Théâtre du péristyle du jardin Égalité. — Théâtre de la Montagne.

Mlle Montansier habitait le second étage au-dessus du café de Chartres (1). Elle pouvait de là, par un couloir, communiquer avec son théâtre. Son salon devint en peu de temps le véritable *pandemonium* de l'époque. Elle y recevait les illustrations du moment sans distinction d'opinions. Comprenant avec son habileté ordinaire qu'elle devait ménager la chèvre et le chou, elle accueillait, avec un égal sourire et avec la meilleure grâce du monde, Giron-

(1) Le café Conti ou de Chartres occupait l'encoignure du péristyle et se trouvait, par conséquent, vis-à-vis le théâtre.

dins et Montagnards qui se rencontraient volontiers sur ce terrain neutre où les discussions politiques faisaient place à des questions purement artistiques et littéraires que soulevaient les beaux esprits du moment. On sait que ce fut dans les salons de la Montansier que le commandant d'artillerie Bonaparte fit connaissance avec Talma et que c'est de cette époque que data l'amitié du futur empereur pour le grand tragédien. Mlle Mars, émancipée par ses débuts, y venait écouter les leçons des grands artistes qui se trouvaient là toujours en grand nombre.

« On y a vu rassemblés dans une même soirée, dit M. Girault de Saint-Fargeau, Dugazon et Barras, le père Duchêne et le duc de Lauzun, Robespierre et Mlle Maillard, Saint-Georges et Danton, Martainville et le marquis de Chauvelin, Lays et Marat, Volange et le duc d'Orléans. »

« Toutes les combinaisons de l'intrigue ont trouvé place dans ce salon, depuis les intrigues amoureuses jusqu'aux intrigues politiques ; on y donnait la même importance à une nuit de plaisirs qu'à une journée de parti ; on s'y occupait aussi sérieusement des succès de la petite Mars que des événements du 31 mai ; la belle Mlle Lillier faisait autant d'impression que les discours de Vergniaud. Au bout du même canapé de damas bleu de ciel, usé, fané et déchiré sur lequel la Montansier arrangeait son spectacle de la semaine avec Verteuil, son régisseur, le comédien Grammont organisait à l'autre bout, avec Hébert, l'émeute du lendemain aux Cordeliers. »

« Dans un coin du salon, Desforges perdait contre Saint-Georges, à l'impériale, l'argent qu'il empruntait à la Montansier sur ses droits d'auteur de la pièce en répétition. Une bruyante table de *quinze* rassemblait joyeusement, après le spectacle, les actrices du théâtre, qui délassaient par leurs saillies de coulisses tous les coryphées de la Convention. »

La Révolution qui suivait sa marche donna bientôt une autre tournure à ces réunions, la politique les envahit à ce point que le club le plus turbulent n'eût bientôt plus rien à leur envier. Mlle Montansier n'hésita pas alors, par mesure de prudence, et sur les conseils de Fabre d'Eglantine, un de ses amis les plus fervents, à fermer son salon. Ses fidèles ne renoncèrent pas pour cela à l'agrément de leurs causeries intimes ; ils se réunirent au foyer de son théâtre qui devint leur cénacle habituel.

C'est dans ce foyer, sur lequel nous aurons longuement à nous étendre, que fut lu pour la première fois par Camille Desmoulins l'insolent manifeste du duc de Brunswick. Le lecteur en nuançait si bien toutes les parties, et appuyait avec tant de force sur le côté provocateur du fameux document, qu'une sourde colère s'emparait au fur et à mesure de tous les esprits et qu'à la fin de la lecture l'agitation était à son comble.

Ce manifeste devait être, peu de temps après, suivi de l'invasion étrangère.

La Patrie en danger fit appel au dévouement de tous ses enfants. Mlle Montansier, dont l'attachement à la reine n'était un mystère pour personne, dont le civisme à cause de cela était fortement mis en doute, vit d'un coup d'œil tout le parti qu'elle pouvait tirer de la situation ; elle annonça la clôture de son théâtre en même temps que son intention bien arrêtée d'organiser à ses frais une compagnie pour marcher à la frontière. Son appel fut entendu et la compagnie Montansier ne tarda pas à être formée. Neuville, naturellement désigné pour en être le commandant, y apporta tous ses soins. Acteurs, figurants, machinistes se firent, la plupart, inscrire en qualité de volontaires. A ce noyau déjà fort imposant et qui se composait de presque tout le personnel du théâtre, vinrent s'adjoindre Elleviou, Clauzel, Lartigues, Gavaudan, les plus justement applaudis de la salle Favart. D'autres artistes, également aimés, tinrent à honneur de faire partie de cette compagnie d'élite qui comptait parmi ses officiers : Gallet, l'auteur du ballet de *Bacchus*, à l'Opéra et le danseur Seveste, le père des deux Seveste qui dirigèrent si longtemps les théâtres de la banlieue, et le grand-père, par conséquent, du jeune pensionnaire de la Comédie-Française qui, parti en 1870 pour la défense de notre sol envahi, trouva à Buzenval une mort aussi glorieuse pour lui qu'honorable pour la grande famille dramatique.

La compagnie Montansier, dûment armée et équipée, quitta joyeusement Paris dans des charrettes enguirlandées qui ne ressemblaient pas mal de loin à des chars de triomphe. Quelques dames s'improvisèrent cantinières et, gracieuses au possible dans leurs costumes aux trois couleurs, suivirent, tonnelet au côté : d'autres se contentèrent d'accompagner de leurs vœux amants ou amis et d'échanger quelques souvenirs :

« Tiens, voilà ma pipe,
« Serre mon briquet ;
« Et si La Tulipe
« Fait le noir trajet,
« Que tu sois la seule
« Dans le régiment,
« Qu'ait le brûle-gueule
« De son cher amant. »

Ce couplet, alors très populaire, parut de circonstance à Elleviou qui l'entonna avec force modulations. Ce fut le signal du départ.

Les cantinières-actrices de 1792 ont eu leur pendant à notre époque que, cependant, certains esprits quinteux appellent une époque de démoralisation. Ces élans patriotiques ne furent pas rares. Nous avons tous vu pendant l'année terrible la jolie Berthe Legrand en vivandière d'un bataillon de marche. N'était-elle pas sur le plateau de Buzenval, elle aussi, alors que pleuvaient les balles prussiennes et que son camarade Seveste tombait mortellement blessé.

On retrouva plus tard ces braves filles dans nos ambulances ; elles s'y montrèrent admirables de grâce et de dévouement dans le double rôle d'infirmières et de sœurs de charité.

Le 26 octobre 1792, la compagnie Montansier pénétrait en Belgique. Le 1ᵉʳ novembre, elle arrivait à Cuesmes ; le 6, elle assistait à la bataille de Jemmapes, et méritait d'être mise à l'ordre de l'armée (1).

Quand la nouvelle de la victoire de Dumouriez et

---

(1) « La citoyenne Montansier n'est jamais la dernière
« à contribuer pour augmenter, par le produit de plusieurs
« représentations, le trésor des bienfaisances nationales.
« La plus grande partie des acteurs qui composent son
« spectacle s'est réunie avec la direction pour former une
« compagnie franche qui s'est portée aux frontières et
« qui y est restée aussi longtemps que l'ennemi est resté
« sur le territoire français. »

(*Almanach des spectacles* de 1793.)

de la brave conduite des artistes arriva à Paris, la Montansier, sans perdre une minute, fouilla dans son magasin de costumes, rassembla ceux qui pouvaient le mieux s'adapter au répertoire courant et partit en poste avec ses nombreux colis pour le quartier général de l'armée.

Son plan, qui consistait à donner une représentation sur le champ de bataille, eut l'assentiment du général en chef. Dumouriez, à l'exemple du maréchal de Saxe, dont le souvenir était encore vivace dans l'armée, crut devoir se montrer le protecteur des artistes et donna à la directrice les pouvoirs les plus étendus.

Tout le monde se mit à l'œuvre et, en peu de temps, un théâtre fut élevé dans la plaine de Jemmapes au grand ébahissement des Belges accourus de tous côtés pour assister à la fête véritablement nationale qui se préparait et dont la nouvelle s'était répandue dans tous les environs.

Le jour de la représentation, l'affiche suivante était apposée sur un immense poteau planté pour la circonstance :

Par autorisation du Général en chef

La troupe des Artistes patriotes sous la direction de Mlle Montansier, donnera aujourd'hui 12 novembre 1792, devant l'ennemi :

LA RÉPUBLIQUE FRANÇAISE

Cantate chantée par MM. Elleviou, Gavaudan, Lartigues, du théâtre Favart, de Paris.

LA DANSE AUTRICHIENNE

ou le Moulin de Jemmapes,

Ballet arrangé par M. Gallet, auteur du ballet de *Bacchus*, à l'Opéra.

Rôles principaux : M. Seveste et Mlle Rivière, du théâtre Montansier.

Cette pièce sera terminée par une *Sauteuse,* exécutée par les Autrichiens.

AVIS : *Le public est prié de ne pas oublier que ces Autrichiens seront des Français ainsi déguisés pour les besoins de la représentation.*

LE DÉSESPOIR DE JOCRISSE,

Pièce de M. Dorvigny,

Jouée par MM. Baptiste Cadet, Durand, Gilbert, Mlle Caroline et le petit Truffaut, tambour à la 27e.

Le spectacle se terminera par un feu d'artifice tiré par les canonniers de la 1re batterie.

Musique du bataillon de la Deule.

La plaine sera ouverte depuis le matin.

Le spectacle commencera à 2 heures.

Les artistes se montrèrent à la hauteur des circonstances, leur succès fut des plus grands.

Le lendemain, la compagnie Montansier, chargée de gloire et d'applaudissements, reprenait la route de Paris commandée, cette fois, par sa directrice.

Elle y fit une rentrée triomphale.

Le théâtre rouvrit ses portes peu de temps après. Les artistes furent acclamés, la scène fut littéralement jonchée de fleurs.

On joua deux pièces de circonstance :

Le Départ des Volontaires, par Lavallée ;

La Carmagnole à Chambéry, par Dorvigny ;

Et une symphonie de Devienne : *La Bataille de Jemmapes*.

Les soins de sa direction ne purent détourner Mlle Montansier de son fameux projet ; elle put en quelques mois, grâce à l'abbé de Bouyon, dont nous avons déjà parlé et qui devint son principal actionnaire, faire construire le théâtre de la place Louvois et en préparer l'ouverture qui fut des plus brillantes. Elle eut lieu le 15 août 1793 sous le nom de *Théâtre National,* titre qui fut bientôt remplacé par celui de : *Théâtre de la République et des Arts.*

La grande preuve de patriotisme qu'elle avait donnée en équipant à ses frais une compagnie de volontaires, ses sacrifices à la nation qui se traduisaient par d'importantes offrandes et de nombreuses représentations gratuites, ne purent empêcher qu'elle ne fût dénoncée et incarcérée peu de temps après.

Les échos de la Commune retentirent de ces foudroyantes et ridicules paroles de Chaumette : « Je dénonce la citoyenne Montansier comme cou- « pable d'avoir fait bâtir une salle de spectacle « pour mettre le feu à la Bibliothèque nationale. » Il ajouta que cette salle avait été construite avec l'argent des aristocrates et que Marie-Antoinette avait fourni une somme de cent mille écus.

On la conduisit au mois de septembre à la prison de la Petite-Force.

Son activité prodigieuse la suivit même sous les verroux. Elle envoya de là à Neuville les recommandations les plus expresses pour faire continuer les représentations de la salle Montansier; bien lui en prit.

Le décret du 22 janvier 1794 « portant qu'une « somme de cent mille francs sera répartie aux « vingt spectacles de Paris, qui, en conformité du « décret du 2 août précédent, ont donné quatre « représentations pour le peuple » comprend le théâtre Montansier pour une somme de quatre mille six cents francs. Ce fut une excellente note pour la prisonnière.

A partir du jour de son incarcération, son théâtre

avait prudemment changé de nom : il prit celui de *Théâtre du péristyle du jardin Egalité.*

Baptiste Cadet était entré dans l'intervalle au *Théâtre-Français de la rue Richelieu* pour y jouer les seconds comiques ; on avait perdu d'autres artistes de mérite ; quelques-uns, poussés par l'amour de la gloire, avaient pris du service : Robert, chef de ballet, était parmi ceux-là ; il devint général de brigade, et fut amputé à Austerlitz. Le plus jeune des Baptiste, qui, comme ses deux frères, avait débuté au théâtre des Marais, mourut colonel.

Ces pertes nombreuses n'empêchèrent pas la foule de se porter aux nouvelles représentations du *Théâtre du péristyle du jardin Egalité.* La meilleure partie du public tenait à protester par sa présence contre l'arrestation arbitraire de la directrice.

Des mesures d'ordre et de haute moralité relatives à la police intérieure du jardin du *Palais-Egalité* dont on venait de changer le nom en celui de *Jardin de la Révolution,* vinrent tout à coup faire un tort considérable aux recettes. Non seulement on éloigna les étrangers de ses alentours, mais on en expulsa toutes les filles. Les récalcitrantes furent, sans pitié et malgré leurs cris, envoyées à la Salpêtrière. Le conseil de la Commune ne s'arrêta pas en si beau chemin ; il défendit ; par *mesure de salut public,* les réunions, au jardin du ci-devant Palais-

Royal, des comédiens de province qui, tous les ans, pendant la quinzaine de Pâques, y venaient tenir leurs curieuses assises et traiter de nouveaux engagements.

Le 23 mai 1794, le théâtre du *Péristyle du jardin Egalité* changea son nom contre celui de *Théâtre de la Montagne*.

Les pièces de circonstance représentées dans la saison théâtrale 1793-1794 furent nombreuses ; elles sont la marque d'une époque et tiennent trop à l'histoire générale du théâtre pour que nous nous dispensions d'en donner les titres.

La Plume de l'ange Gabriel, pièce patriotique en un acte du citoyen *** ;

L'Omelette, farce capucinade en un acte, par Dorvigny ;

Le Congé des Volontaires, opéra en un acte, musique d'Arguier ;

La Prise de Toulon, pièce patriotique en un acte, du citoyen *** ;

Le Campagnard révolutionnaire, comédie en deux actes, de Valmont ;

La Gazette de Campagne, opéra-vaudeville en un acte de Guillemain.

Mlle Montansier, à sa sortie de prison, qui n'eut lieu qu'à la chute de Robespierre (27 juillet 1794) regarda résolument autour d'elle et fit la récapitulation de ses amis ; la plupart avait disparu. Le plus fidèle d'entre eux, l'abbé de Bouyon, avait été reconnu au milieu d'une émeute et hissé malgré ses cris à une lanterne, le tribunal révolutionnaire s'était chargé de quelques autres. Elle se tourna alors du côté de celui qui, dans la bonne ou la mauvaise fortune, ne l'avait jamais abandonnée et lui offrit sa main. Honoré Bourdon, dit Neuville, l'accepta avec la joie la plus vive, et le mariage fut célébré. Les deux époux avaient cent vingt-huit ans à eux deux.

Tout travail sérieux fut interrompu au théâtre de la *Montagne*, on ne marcha qu'avec des reprises. Les nouveaux époux avaient, ma foi, bien mieux à faire que de s'occuper en ce moment de choses de théâtre. Le souvenir de leur trente ans, des anciennes conquêtes, des succès envolés, ensoleilla leur verte vieillesse, à ce point qu'ils retrouvèrent la lune de miel des jeunes années. Le Directoire les tira enfin de leur somnolence ; la vaillante femme sur un terrain plus affermi se remit courageusement à l'œuvre et retrouva son ancienne énergie ; elle l'employa surtout à poursuivre le remboursement de l'indemnité qui lui était due, à propos du théâtre de la place Louvois qui avait été fermé par ordre supérieur et dont elle avait été injustement spoliée. Elle avait déjà adressé à la Convention un mémoire dans lequel elle réclamait sept millions comme indemnité. « Sept millions pour un théâtre, s'écria « Bourdon, de l'Oise : à ce prix, on aurait une esca- « dre de sept vaisseaux. » Ses démarches ne devaient aboutir que longtemps après. C'est en 1812, seulement, qu'un décret daté de Moscou lui accorda une subvention d'un million cent mille francs, chiffre bien inférieur à ses prétentions.

CHAPITRE VI

Le théâtre *Montansier-Variétés*. — Le concert de la rue Feydeau. — Départ de Mlle Mars. — Engagement de Brunet et de Mme Baroyer. — Nouvelle direction.

Le théâtre Beaujolais, devenu théâtre Montansier, puis théâtre du Péristyle du Jardin-Egalité, enfin théâtre de la Montagne, reprit, en 1795, son nom de théâtre Montansier.

Les Variétés amusantes, de joyeuse mémoire, n'avaient pu disparaître sans laisser quelques regrets aux amateurs de spectacles, on jugea qu'il serait bon d'en rappeler le titre : celui de théâtre *Montansier-Variétés* fut dès lors définitivement adopté.

C'était d'ailleurs le genre des anciennes *Variétés amusantes* qu'on allait reprendre, aussitôt qu'on aurait épuisé la série des pièces à scandale suscitées par une réaction qui, croyant n'avoir plus rien à redouter du parti de la Révolution, relevait audacieusement la tête.

Parmi ces sortes de pièces qui faisaient un argent fou, comme nous disons aujourd'hui, l'une des plus agressives fut, sans contredit, *le Concert de la rue Feydeau*, vaudeville en un acte de Martainville et Hector Chaussier, représenté le 9 ventôse an III (19 février 1795) au théâtre Montansier-Variétés.

C'était une actualité due à la vogue immense des concerts qui se donnaient en plein jour à la salle Feydeau. Une sorte de fièvre s'était emparée du public pour ces solennités musicales ; il est vrai que Garat y exhalait ses notes mélodieuses, que Rode y exécutait, avec son archet magique, ses admirables concertos, que Mengozzi, le chanteur compositeur, y égrenait les mélodies de Pergolèse, de Cimarosa, de Paësillo et, qu'on y entendait les admirables symphonies de Haydn.

Ce vaudeville était émaillé de couplets dans le genre de celui-ci :

« Lorsque l'on voudra dans la France
« Peindre des monstres destructeurs,
« Il ne faut plus, de l'éloquence,
« Emprunter les vives couleurs.
« On peut analyser le crime,
« Car tyran, voleur, assassin,
« Par un seul mot cela s'exprime
« Et ce mot-là, c'est Jacobin ! »

On comprend que ceux qui se trouvaient atteints par ces paroles, et le nombre en était grand, les aient accueillies par des sifflets. Les coups de poing, les soufflets succédèrent aux protestations des uns, aux acclamations des autres. Pendant la mêlée, qui fut générale, partit, on ne sait d'où, un coup de pistolet chargé à balle. Ce fut un véritable miracle qu'il n'atteignit personne.

Le Thé à la mode ou le Million de sucre, vaudeville en un acte de Ducancel, représenté peu de temps après, ne fut joué qu'une douzaine de fois.

On reprit ensuite du même Ducancel *l'Intérieur des Comités révolutionnaires ou les Aristides modernes*, pièce en trois actes, dont la première représentation avait eu lieu au théâtre de la Cité, le 27 avril 1795. Cette reprise eut un très grand succès.

Ces *Aristides modernes* ne sont ici que d'atroces tyrans trop ridicules pour inspirer autre chose que du dégoût. Brunet avait créé dans cette pièce, au théâtre de la Cité, le rôle de *Vilain*, le portier du Comité révolutionnaire et Tiercelin celui de *Manlius Torquatus*, un cocasse buveur de sang ; ils y étaient, chacun dans leur rôle d'un comique achevé. Plus de deux cents représentations, tant au théâtre de la Cité qu'au théâtre Montansier-Variétés « ne suffirent pas aux Parisiens pour satisfaire leur avide curiosité. »

Les théâtres reçurent, à cette époque, l'ordre de jouer des airs patriotiques : *La Marseillaise, le Chant du Départ, la Carmagnole, le Réveil du Peuple* et le fameux *Ça ira* alternaient chaque soir à la salle Montansier et étaient chaleureusement applaudis.

En 1796, des changements importants se firent dans la troupe : les deux demoiselles Mars quittèrent définitivement le théâtre Montansier ; l'aînée fut engagée au Théâtre-Français, qui venait d'être réorganisé, pour jouer *les Grandes Amoureuses et les Travestissements ;* la cadette entra au théâtre Feydeau, pour y tenir l'emploi des *ingénuités*.

Celle-ci débuta dans *le Conciliateur,* de Demoustier. « Elle était jeune, élégante et sans le moindre em-
« bonpoint. Sa petite poitrine n'accusait en rien
« son sexe. Ses yeux brillaient d'un éclat saisissant
« d'intelligence et toute sa personne respirait la
« grâce et la distinction (1). »

Depuis son début, il y avait cinq ans de cela, les grands exemples n'avaient pas manqué à celle qui devait plus tard régner à la Comédie-Française et y marquer son séjour d'une trace ineffaçable. De grands artistes avaient passé par la salle Montansier ; elle avait pu, dans leur compagnie, apprendre l'art de bien dire en même temps que certaines traditions de bon goût. Aussi était-elle déjà comé-

(1) *Histoire anecdotique du théâtre et de la littérature,* par CHARLES MAURICE. Tome I, p. 54.

dienne dans la grande acception du mot quand elle fit ses adieux à celle qui avait guidé ses premiers pas, à M¹¹ᵉ Montansier.

De même que les régiments portent sur leur drapeau le nom de leurs glorieuses campagnes, les théâtres ne devraient-ils pas réserver une place d'honneur dans le foyer des artistes pour y inscrire le nom de ceux qui ont illustré leurs annales? Le nom de M¹¹ᵉ Mars en tête d'une pareille liste, ne serait-il pas un grand sujet d'émulation pour les artistes du théâtre du Palais-Royal? Il nous aura suffi, nous l'espérons, de poser une semblable question pour qu'elle soit affirmativement résolue.

Elle avait commencé par le rôle du petit Jocrisse au théâtre Montansier, elle finit quarante ans plus tard par celui de Célimène au Théâtre-Français, et dans ce rôle que Molière semblait avoir écrit pour elle, qu'elle joua pour la dernière fois, « elle fut « d'un bout à l'autre charmante, alerte, animée, « agaçante, éloquente; ce fut merveille de la voir; « attentive à toutes choses, vive à la repartie, « hardie à l'attaque, railleuse toujours, passionnée « quelquefois, forte contre tous, faible seulement « contre Alceste; jamais la comédie ne fut jouée avec « cette inimitable et incroyable perfection (1). »

(1) *Histoire de la littérature dramatique*, par Jules Janin. Tome II, p. 98.

L'année 1797 fut marquée par l'engagement de Brunet; il venait du théâtre de la Cité. Brazier, dans son *Histoire des petits théâtres*, fait dater cet engagement de l'année suivante; mais une pièce du Cousin Jacques, que nous avons sous les yeux, représentée au théâtre Montansier, le 6 prairial, an VI (1797), porte dans la distribution le nom du fameux comique. Cette pièce est intitulée : *Madelon*, vaudeville épisodique en un acte.

Brunet a tenu une si grande place au théâtre Montansier et plus tard à celui des Variétés que ce point mérite d'être signalé.

Il naquit le 17 novembre 1766 (1), son nom de famille était Mira. Son père, qui avait été boulanger, tenait un bureau de loterie rue Mauconseil, à côté de la Comédie-Italienne, où trônait alors le célèbre Carlin. Cet acteur, que le jeune Mira voyait souvent jouer, lui donna tellement le goût du théâtre que, malgré l'opposition de son père et surtout de son oncle, le carme Dom Mira, il s'engagea dans une

(1) « Du lundy dix-sept novembre mil sept cent soixante-« six, a été baptisé Jean-Joseph, fils de Jean-Jacques Mira, « maître boulanger, et de Marie-Louise Dubois, sa femme « de cette paroisse, demeurant rue Aubry-le-Boucher. Le « parrain, Jean-Jacques Remond, bourgeois de Paris ; la « marraine, Marie-Antoinette Godrin, épouse d'Étienne « Guichard, mestre-es-arts de l'Université. » (Extrait du registre de l'église Saint-Jacques-la-Boucherie.)

petite troupe ambulante. Il consentit, toutefois, pour ne pas faire rougir les Mira présents et futurs à changer son nom en celui de Brunet.

Son odyssée se résume en quelques lignes, qui pourraient être détachées du *Roman comique*. Nous rappellerons simplement qu'après avoir fait les délices des habitants de Mantes, il fut engagé au Havre, puis à Rouen. C'est de là qu'il revint à Paris.

Mme Baroyer fut engagée au théâtre Montansier en même temps que Brunet. Elle avait été déjà pensionnaire de Mlle Montansier, à Versailles, où elle avait débuté en 1772, à peine âgée de quinze ans. La fillette d'alors, qui avait reçu les encouragements de Préville, était devenue une excellente comédienne.

C'est de Mme Baroyer que Mlle Flore, la joyeuse actrice des Variétés, reçut ses premières leçons. « Elle n'était pas jolie, dit celle-ci, en parlant de « Mme Baroyer, mais elle était séduisante par le « talent; elle jouait les rôles marqués et les carac- « tères en femme qui connaissait toutes les res- « sources de l'art dramatique (1). »

Nous la retrouverons, en 1831, à l'ouverture du théâtre du Palais-Royal.

---

(1) *Mémoires* de Mlle Flore, actrice du théâtre des Variétés. Paris, 1845. Tome I, p. 9.

Claudine, comédie en trois actes de Pigault-Lebrun, tirée d'une nouvelle de Florian, fut représentée le 15 juillet 1797.

Au mois d'avril 1798, Mlle Montansier se défit de sa direction : elle loua son théâtre aux sieurs Foignet père, Simon, Ribié, D*** et à Mme Ve Nicolet.

« Par leur traité avec le citoyen Neuville et la
« citoyenne Montansier, du 18 germinal an VI, les
« nouveaux directeurs ne peuvent changer le nom
« du théâtre Montansier. Il leur est permis seule-
« ment de faire suivre ce nom du mot Variétés (1). »

Les nouveaux directeurs, à l'exception du sieur D***, qui avait désiré garder l'anonyme et qui était peut-être une autre sorte d'abbé Bouyon, étaient des *gens de théâtre*, bien connus du public. Foignet père et Simon s'étaient déjà fait connaître comme compositeurs de musique ; Mme Nicolet, qui résumait à elle seule tout un programme, rappelait la devise de son illustre défunt : *De plus fort en plus fort*; enfin, Ribié, élève de Nicolet, avait depuis longtemps prouvé qu'il était digne d'un si grand maître.

Les curieux états de services de ce Ribié, qui s'enorgueillissait de son prénom de César et qui fut le parrain de Bressant, l'illustre sociétaire de la

(1) *Indicateur des Théâtres ou Almanach des Théâtres de Paris*, an VII.

Comédie-Française, méritent d'être rappelés. Il avait commencé par être vendeur de contre-marques et commissionnaire à la porte du *Théâtre des grands danseurs du Roi*. Pris, quelquefois, pour messager d'amour, il s'acquitta, nouveau Mercure, de ces délicates fonctions avec une adresse et une intelligence qui lui valurent les éloges des danseuses du théâtre et de leurs protecteurs. Nicolet, à leur recommandation, le prit pour figurant; du figurant à l'acteur, il n'y a souvent qu'un pas ; il le franchit en remplaçant un jour, au pied levé, l'arlequin, qui, au moment d'entrer en scène, s'était donné une entorse. On applaudit plutôt à sa bonne volonté qu'à son talent. Une fois qu'il eût mis le pied à l'étrier, Ribié alla toujours de l'avant, il jouait tout ce qu'on voulait. Quelques tournées en province, un voyage dans les colonies achevèrent son éducation dramatique. Il revint à Paris, en 1795, complètement dégrossi, presque instruit et assez riche pour prendre la direction devenue vacante du théâtre de ses premiers exploits ; il devint son principal auteur et prouva qu'il connaissait les ficelles du dramaturge; il a attaché son nom à plus de cinquante pièces. La fameuse féerie du *Pied de Mouton* qu'il fit avec Martainville est seule venue jusqu'à nous. Ce dernier, qui le connaissait bien, disait de son collaborateur : « Faites-le portier d'une maison

« et la maison sera bientôt à lui. » On pouvait donc s'attendre à voir bientôt en ses seules mains la direction du théâtre Montansier ; mais il ne put parvenir, cette fois, à évincer ses associés. Son cinquième de direction ne pouvant suffire à son activité, il l'abandonna après la première campagne, pour se lancer dans d'autres combinaisons directoriales.

Le départ de Ribié amena de grands changements dans l'administration du théâtre Montansier. Nous voyons disparaître avec lui la veuve Nicolet et le sieur D***. Les sieurs Foignet père et Simon, qui restèrent, s'adjoignirent pour les remplacer les sieurs César, Crétu et Amiel que nous voyons figurer comme artistes dans la troupe du théâtre. Dans cette troupe, nous remarquons les noms déjà célèbres de Corsse, Volange, Tiercelin, Brunet et ceux de Mmes Caroline Rey et Baroyer.

Corsse, en *Madame Angot*, avait fait courir tout Paris au théâtre d'Audinot ; nous avons déjà parlé de *Volange-Janot*, nous aurons à nous étendre longuement sur les quatre autres.

Nous citerons parmi les pièces jouées en 1798 :

Les Prisonniers français en Angleterre, paroles du citoyen Doignon et Rebory, musique du citoyen Foignet.

« Cette pièce, dit *l'Indicateur dramatique* de l'an VII,

« est faite pour entretenir la haine que tout Fran-
« çais doit porter au gouvernement anglais. Les
« traits d'inhumanité envers nos prisonniers y
« sont retracés avec des couleurs fortes et tran-
« chantes. La musique offre un chœur et un duo
« toujours vivement applaudis et qui méritent de
« l'être, par leur netteté et leur précision. La
« citoyenne Caroline chante avec beaucoup de goût
« une romance d'un genre très harmonieux et que
« la pureté de sa voix rend encore plus agréable. »

« *Les Têtes à la Titus*, plaidoyer en un acte et en
« vaudeville pour les Têtes à la Brutus, à la Cara-
« calla, à la Titus, etc., etc. Cette bluette, du
« citoyen Lombard de Langres, offre de jolis cou-
« plets notamment celui-ci que chante Mme Crétu :

« AIR : *Fidèle époux, franc militaire.*
 « Quand une amitié fraternelle
 « Devrait resserrer nos liens,
 « Faut-il pour une bagatelle
 « Diviser tous les citoyens :
 « Un jeune homme dans sa parure
 « Parfois peut mettre de l'excès,
 « Mais que m'importe sa coiffure
 « S'il porte le cœur d'un Français. »

Nicaise, de Vadé, retouché par le citoyen Armand
Gouffé, l'auteur de la charmante chanson de :

Plus on est de fous plus on rit.

Cadet-Roussel, maître de déclamation. « Dans cette

« pièce, dit encore *l'Indicateur dramatique*, on rit
« beaucoup, mais on regrette que son auteur
« trempe sa plume dans un encrier si bourbeux. »

Brunet, qui jouait dans ces deux dernières pièces, y obtint un très grand succès.

La Revue des théâtres de l'an VII constate que « cet
« acteur est la coqueluche de la bonne compagnie
« du Perron et des galeries du Palais-Royal et qu'il
« a totalement éclipsé Volange qui, cependant,
« ajoute-t-elle, a mille fois plus de talent que lui. »

Cette même *Revue* nous apprend « qu'à cette
« époque (1799), le théâtre Montansier est devenu
« le plus florissant de la capitale ; les Dorvigny, les
« Patrat, les Aude, les Cousin-Jacques, en sont les
« tenants ; le public fait quelquefois justice de leurs
« rapsodies ; mais plus souvent il les applaudit. »

L'Almanach des Spectacles est encore plus significatif :

« La voix enchanteresse de madame Caroline, le
« talent original de Brunet, celui de Tiercelin, le
« zèle des administrateurs, les pièces gaies que
« l'on donne à ce théâtre en font le lieu le plus fré-
« quenté de Paris par les oisifs, les curieux et ceux
« qui aiment à rire du rire de l'aimable folie. Quel
« accès de mélancolie pourrait tenir contre les
« gaucheries de *Cadet-Jocrisse* et l'embarras du
« *Savetier-Tiercelin*. »

Dorvigny avait trouvé dans Brunet son véritable Jocrisse. Il avait bien pour ce rôle la dose de niaiserie qu'il exigeait. Volange et Baptiste Cadet qui l'avaient joué avant lui avaient le jeu trop fin pour jamais atteindre à la hauteur de bêtise du personnage. Aussi n'eurent-ils, l'un et l'autre, qu'un demi-succès dans ce rôle. Ce fut une révélation quand Brunet le joua. On allait voir Jocrisse comme on était allé voir Janot. Jocrisse alterna bientôt avec Cadet-Roussel. Aude, que les lauriers de Dorvigny empêchaient de dormir, eut le bonheur de découvrir ce pendant à Jocrisse. La série des *Cadet-Roussel* fut au moins aussi longue que celle des *Jocrisse*. Le succès fut égal de part et d'autre. On publia le *Rousseliana* comme on avait publié le *Jocrissiana*.

Brunet apportait dans la vie privée toute la niaiserie qui faisait son succès à la scène. Cette feinte naïveté lui servit à déjouer plus d'un mauvais tour, et quelquefois aussi à se débarrasser des importuns.

Un jeune homme vient un jour lui demander une lecture pour la première pièce qu'il vient de faire. « — Monsieur, lui dit Brunet, nous ne représentons jamais la première pièce d'un auteur, que lorsqu'il en a déjà eu deux de jouées. »

Cela rappelle un peu le mot de Camerani, qui cumulait les fonctions de régisseur-général de

l'Opéra-Comique avec celles de caissier : « Les
« théâtres ne pourront marcher, dit-il un jour
« avec conviction, tant qu'il y aura des au-
« teurs. »

Les auteurs ordinaires de Brunet ne suffisaient
plus à sa gloire. A force de voir que tout lui était
permis, il osa toucher à Molière. Il joua *Monsieur de
Pourceaugnac*, et il eut, chose étrange, un très grand
succès dans ce rôle (1).

Jules Janin, qui vit plus tard Odry dans ce même
rôle, n'a pas assez d'imprécations contre de semblables audaces : « Il fallait le voir, dit-il, hurlant
« et suant sous le harnais de Pourceaugnac ; le
« pauvre homme faisait pitié. » Puis, rappelant
Brunet à ce propos, il ajoute en parlant de ce dernier, qui n'avait pas craint de reprendre ce rôle
quarante ans plus tard, en 1843, pour sa représentation d'adieux : « La queue rouge reparut sous la
« perruque brune, l'électeur fit place à Jocrisse ; on
« rit de nouveau, mais on rit par pitié pour ce
« vieillard qui revenait péniblement aux gaietés de
« sa jeunesse. »

Pourtant cet Odry, ce Brunet qu'il malmène fort
à tort, selon nous, étaient « les précurseurs de ces
« magnifiques farceurs du Palais-Royal, qui sont
« une des fêtes de ce bas monde. Ils ont précédé,

---

(1) *Almanach des Spectacles de* 1801.

« en leur indiquant la route qu'ils ont suivie,
« Alcide Tousez, Sainville et Grassot, les rois du
« rire (1). »

Le 22 pluviose an VII (20 février 1799) on représenta une parade intitulée : *Cadet-Roussel Mahomet*. Cette pièce avait pour but de tourner en ridicule l'acteur Beaulieu, qui avait eu la prétention de paraître au théâtre de la Cité dans le rôle de Mahomet, de la tragédie de Voltaire, rôle dans lequel l'infortuné comique ne récolta que des sifflets.

Une autre parade : *Cadet-Roussel misanthrope*, parodie de *Misanthropie et repentir*, suivit peu de temps après.

On joua cette même année une pièce intitulée *Brunet et Caroline*, paroles du citoyen Ségur jeune, musique du citoyen Mengozzi.

L'acteur et l'actrice jouant leurs propres personnes et initiant le public aux faits et gestes de leur vie privée eurent beaucoup de succès.

Mlle Caroline, dont tous les *Almanachs des Spectacles* du temps exaltent la douce voix et la jolie figure, avait le corsage fort peu accusé et passait pour maigre. On fit pour le vaudevilliste Moreau qui s'en éprit et qui quitta pour elle une actrice

(1) *Histoire de la littérature dramatique,* par JULES JANIN. Tome II, p. 272 à 275.

du théâtre plus maigre encore, le quatrain suivant :

> Moreau n'est pas bien partagé
> Delisle l'a quitté, vers Caroline il penche,
> C'est un malheureux naufragé
> Qui se sauve de planche en planche.

CHAPITRE VII

Le foyer public du théâtre Montansier. — Le commissaire Robillard. — Martainville. — Dorvigny. — Aude. — Les deux Ségur. — Francis d'Allarde. — Capelle.

Le foyer public du théâtre Montansier était non seulement le rendez-vous des auteurs du théâtre qu'on était sûr d'y rencontrer, mais aussi de tous ceux qui, disparus dans la tourmente révolutionnaire, avaient opéré leur résurrection. On venait de tous côtés se retremper à cette source intelligente et vivace qui représentait assez bien le tout Paris d'alors.

Il y avait toujours dans ce foyer, dit Mlle Flore dans ses amusants mémoires, « des militaires, des hommes d'argent, des piliers du perron, des agents de police et presque tous les auteurs qui avaient commencé leur carrière dramatique au théâtre

Montansier. C'était toute la jeune littérature du Directoire et de l'Empire, jeunesse pleine d'esprit, de gaieté, de talent et d'avenir, d'où sont sortis, depuis, des académiciens, des députés, des magistrats, des préfets et même des pairs de France. »

« Eugène Beauharnais, qui n'était pas encore
« prince, venait aussi souvent dans le foyer Mon-
« tansier. Il traînait un grand sabre en se prome-
« nant avec Isabey et s'amusait de voir Carle Ver-
« net offrir des bouquets aux plus jolies odalisques.»

Ces odalisques, qu'on avait enlevées en 1793, étaient revenues plus provocantes que jamais. L'arrêté de leur expulsion avait été rapporté. La nouvelle décision reconnaissait, dans ses considérants, qu'elles étaient une nécessité du temps et elle leur rendait avec usure toutes leurs prérogatives.

Le théâtre Montansier, et c'est là un des tristes signes de cette époque d'énervement, de cette époque qui produisit le type hybride des merveilleuses, leur réservait tous les soirs cinquante entrées gratuites. Elles se tenaient généralement dans une galerie qui se trouvait à la hauteur des premières loges et qui se prolongeait dans toute la longueur du foyer. De cette galerie ou plutôt de ce balcon sur lequel elles étaient nonchalamment appuyées, elles distribuaient leurs plus gracieux sourires.

On citait comme les plus en vogue :

La Belle Paysanne, l'As de Pique, la Stainville, la Levéque, le Roi Théodore et par-dessus tout *la Bacchante,* beauté au profil grec qui faisait étalage d'une chevelure épaisse et crépue. Son surnom lui venait de ce qu'elle avait servi de modèle pour la *Bacchante,* un succès du Salon de 1785.

Un commissaire spécial était préposé à la garde de toutes ces sultanes. Il représentait assez bien un de ces fonctionnaires turcs que l'on sait. On le nommait Robillard. Merle, dans un de ses feuilletons dramatiques de *la Quotidienne,* nous parle de « sa corpulence pansue, de ses lunettes larges « comme des roues de cabriolet, de sa coiffure de « 87 et de ses boucles d'argent à la Chartres. » Au total, c'était ce qu'on est convenu d'appeler un bon enfant. Il avait toujours ses larges poches pleines de bonbons pour les plus sages de ses administrées. Il ne fallait pas, par exemple, que l'une d'elles troublât l'ordre, le commissaire alors reparaissait tout entier ; une fois ceint de son écharpe, le mouton devenait tigre, il aurait dévoré ses propres enfants. C'était un moment à passer.

Le théâtre possédait une sorte de salle de police qui servait à renfermer les récalcitrantes pendant les entr'actes. Cette punition, qui les privait du meilleur de leur casuel, leur était fort sensible. Le bon Robillard n'en usait que très rarement.

Au bout du foyer et vis-à-vis l'un de l'autre, se trouvaient un comptoir de limonadier et un petit magasin de librairie. Ce dernier était tenu par Mme Cavanagh, la libraire, alors fort connue, du passage des Panoramas. Elle avait acheté fort cher le monopole de la vente des livres en cet endroit, et elle y écoulait facilement les ouvrages malsains dont elle était l'éditeur. Sans compter la collection des *Ana*, dont elle avait la spécialité, on voyait en montre les ouvrages suivants :

Nouvelles critiques et galantes ;

Les Amours de Manon la Ravaudeuse, et de Michel Zéphir ;

L'Eloge du sein des femmes, par Mercier (de Compiègne) :

Les Rencontres au foyer Montansier, etc., etc.

Tous ces ouvrages étaient illustrés de méchantes gravures qui leur donnaient une saveur particulière.

Les oiseaux de passage, les provinciaux ne manquaient pas d'en faire une ample provision.

Martainville était l'un des plus assidus du foyer Montansier. Né à Cadix, de parents provençaux, il possédait au plus haut degré, grâce à cette origine, la rodomontade du Marseillais et la hâblerie espagnole. Il avait eu la bonne fortune, à peine adolescent, de se poser avec un mot. On prétend que traduit devant le Tribunal révolutionnaire pour avoir collaboré à la rédaction d'un écrit « sur le maximum des denrées et marchandises, » le président appela *de* Martainville et qu'il osa répondre : « Vous ajoutez à mon nom un *de* qui ne m'appartient pas. Je ne suis venu ici que pour me faire raccourcir et non pour me faire allonger. » Quelques-uns ajoutent qu'une voix partie de l'auditoire s'écria : « Qu'on l'élargisse, alors ! » Cette audace tempéra, dit-on, la rigueur des juges qui le renvoyèrent absous.

Bien que ce fait ait été reproduit sur tous les tons et par tous les biographes, nous ne croyons pas que le Tribunal présidé par un Fouquier-Tinville se soit laissé désarmer par cette boutade. Que Martainville ait raconté cette histoire, qu'il s'en soit vanté, nous n'en doutons pas ; mais qu'elle soit ainsi arrivée, c'est autre chose. Nous aimons mieux croire, comme son jugement l'indique, qu'il ne fut acquitté qu'à cause de son jeune âge. L'acte d'accusation portait qu'il n'était âgé que de quinze ans. Evidemment il s'était rajeuni pour la circonstance ; il devait, croyons-nous, toucher à sa dix-huitième année.

Petit, grêlé, avec des yeux à la Mirabeau, des lèvres doubles, une tête forte, qui paraissait trop pesante pour son petit corps, Martainville n'avait rien de bien attrayant par lui-même ; mais il séduisait par son esprit. C'était un feu roulant de bons mots, d'épigrammes contre les puissants du jour.

Il voulut un jour s'essayer sur les planches et il débuta le 24 frimaire, an XI, dans *Frontin tout seul ou le Valet dans la malle*. Ce monologue de J. Ernest, dit la brochure que nous avons sous les yeux, commençait par ce couplet d'annonce qu'il chantait sur l'air du *Pas redoublé* :

> Il existe mainte façon,
> De voyager en France,
> On voyage à pieds, en ballon,
> En poste, en diligence,
> Sachant que vous l'attendiez tous
> Réunis dans la salle,
> Pour être plus tôt près de vous,
> Frontin a pris la malle.

Malgré ce couplet qu'on lui attribue, l'acteur fut trouvé mauvais ; il s'improvisa alors auteur dramatique et fit jouer successivement :

Le Banquier et le Savetier ;

Le Barbouilleur d'enseignes ;

Le Général et le Charbonnier ;

Les Femmes spadassins ;

Le Turc de la rue Saint-Denis ;

Jean de Passy (parodie de *Jean de Paris*).

Et une trentaine d'autres pièces encore dont les titres non moins piquants, n'ont laissé comme ceux-ci aucune trace.

Il finit cependant par accrocher un de ces succès

qui font la fortune des théâtres sans ajouter quoique ce soit à la gloire de leur auteur. Le *Pied de Mouton*, fut joué plus de cent fois.

Il composa aussi quelques-uns de ces *Ana*, dont nous avons parlé. Son *Grivoisiana* parut à la même époque que le *Rousseliana*, l'*Angotiana*, le *Brunetiana* et autres turpitudes du même genre, d'un certain Armand Ragueneau. Il publia avec Etienne, en 1802, l'*Histoire du Théâtre-Français pendant la Révolution*, et l'année suivante, *la Vie de Malesherbes*. Ce sont ses seuls ouvrages sérieux.

Il trouva, enfin, sa véritable voie et se fit journaliste, et quel journaliste !.. Ecoutons Jules Janin (1) :

« Il écrivait vite et il était violent. Il était violent aux ministres, aux chefs de l'opposition, violent aux serviteurs qui n'étaient pas de son parti, violent à tous, indulgent à peu. Il était revêche, insolent, taquin, faquin, hâbleur, insolent à outrance, avec mille saillies imprévues qui, plus d'une fois, ont fait tomber les plus violentes colères. Ces sortes d'écrivains tiennent beaucoup du paillasse des carrefours et du bandit de grand chemin ; ils tiennent d'une main sûre l'escopette et la plume ; ils ne valent certes pas grand'chose ; ils valent encore

(1) *Histoire de la Littérature dramatique*, par JULES JANIN. Tome III, p. 75.

mieux que ces Laurents de sacristie, armés de la discipline de Tartufe ; au moins le bandit, quand il outrage, outrage en face et les armes à la main.

Ces tristes enfants perdus de la politique et du hasard, ces chevau-légers du journal ennemi des lois, ne peuvent vivre, et ne vivent, en effet, que dans les époques troublées ; ils sont les fils des révolutions et les cousins-germains de l'émeute. Aussitôt qu'une société est assise, il faut nécessairement que ces coupe-jarrets disparaissent, semblables à ces bandes que le bon Duguesclin emmène hors de France et qu'il fait bénir par le Pape en passant à Avignon. »

M. de Rochefort père, dans ses *Souvenirs d'un Vaudevilliste*, se montre beaucoup moins sévère.

« En ce temps-là, dit-il, le foyer public de la salle Montansier était le rendez-vous de toutes les nymphes du Palais-Royal qui, semblables aux courtisanes d'Athènes, du Céramique, venaient quêter un amour vénal dans les loges ; Martainville, dont les scrupules étaient parfaitement adoucis par la civilisation, s'amusait à raconter des discours si drôles à ces prêtresses de Vénus qu'il leur faisait déserter leurs places pour venir l'entendre et qu'on se plaignit qu'il amenait dans la salle un vide complet ; c'est que les pièces qu'on jouait n'avaient pas tant d'esprit que lui... »

Un jour, il va trouver Pixéricourt, directeur de *la Gaité* et demande à lire son vaudeville de *Taconet*. « On s'assemble, on l'écoute, on le reçoit au milieu d'un rire général, et quand il remet son manuscrit, on l'ouvre... ce n'était qu'une feuille de papier blanc ; il avait tout improvisé ! Plus tard, il écrivit la pièce, mais elle ne valait pas celle qu'il avait racontée. »

Brazier est à son tour, plein de mansuétude pour Martainville :

« Ce Martainville, dit-il, de spirituelle et fougueuse mémoire, si gai, si vif, si Provençal ! mais si turbulent, si mauvaise tête !... L'homme qui avait, comme on disait alors, tant d'esprit en petite monnaie... Il avait deux qualités qu'on ne saurait lui dénier l'esprit et le courage. »

Personne n'a songé à lui contester l'un et l'autre. Ces qualités se compensaient malheureusement par de grands défauts ; il poussait, par exemple, au plus haut degré celui de l'ingratitude. Traqué par la police quelques mois avant la chute de Robespierre, l'acteur Fusil de garde à l'une des barrières réussit à le faire sortir de Paris en l'affublant d'un costume de paysan tiré de sa garde-robe d'artiste et en lui prêtant trois cents francs qui composaient alors toute sa fortune. Non seulement il ne lui rendit pas cette somme, mais il écrivit plus tard contre son bienfaiteur un article des plus virulents (1).

Voilà qui est plus grave encore : Il fut fortement soupçonné d'avoir, en 1815, livré le pont du Pecq aux troupes coalisées.

Nous ne pouvons mieux faire pour terminer notre étude sur ce singulier personnage que de reproduire les deux épitaphes suivantes dues à la plume spirituelle de Nestor Roqueplan.

Ci-gît un journaliste, écrivain sans talent,
    Qui ne dut son nom qu'à l'intrigue,
Qui, de peur du mouchard, cria, selon le temps,
    Vive le roi ! Vive la ligue !
Comme folliculaire il ne fut rien de bon,
Il gagna pour mentir un modique salaire,
Auteur de mélodrame il fit très maigre chère
-Et vécut vingt-cinq ans sur un *Pied de mouton*.

J'ai vécu du produit de ma plume vénale,
J'ai vécu d'un journal par moi mis à l'encan,
De honte j'ai vécu, j'ai vécu de scandale,
J'ai vécu de la croix, j'ai vécu du turban,
J'ai vécu, j'ai vécu, gazetier famélique
Quatre-vingts ans passés... mais je voulus enfin
Vivre un matin de l'estime publique
    Et le soir j'étais mort de faim.

Martainville n'était pas le seul, parmi les originaux qui fréquentaient le foyer Montansier, qui méritât d'être particulièrement cité. Aude, quand il

(1) *Souvenirs d'une actrice*, par M*me* FUSIL. Tome II, p. 39.

n'était pas au cabaret, y venait respirer l'air du terroir. On ne peut écrire son nom sans ajouter celui de Dorvigny; ils étaient inséparables à ce point qu'ils n'eurent longtemps qu'un logement à eux deux. Dans un moment de suprême débine, alors qu'ils demeuraient ensemble dans une horrible mansarde de la rue du Champ-Fleuri, l'un fut obligé de vendre les vêtements de l'autre. Ils ne s'habillaient plus qu'à tour de rôle et de deux jours l'un. Ce fut le libraire Barba qui les tira généreusement de cette situation, quand, à la fin, n'y tenant plus, ils osèrent lui avouer leur atroce pénurie.

Dorvigny, comme Martainville, était vilipendé par les uns, flatté outre mesure par les autres.

Monselet, qui a fait une étude approfondie du personnage, nous dit que « c'était un poète à la façon de Dufresny, dissipateur et bon vivant; un panier percé, selon l'expression des commères. »

Il avait commencé par être acteur chez Nicolet. Heureusement il se dégoûta bientôt de ce métier humiliant pour un fils de roi (il passait pour être le fils de Louis XV) et, de même que Martainville, il se fit auteur après s'être essayé sur les planches. On lui doit, nous l'avons dit, le type de Janot, créé par Volange, et celui de Jocrisse, illustré plus tard par Brunet.

Aude était en tous points semblable à son ami; le

même débraillé, le même sans-gêne, le même amour pour la dive bouteille. Il n'était pas le fils d'une majesté, mais il se vantait d'être gentilhomme et d'avoir été le secrétaire de Buffon. Peu d'auteurs ont gaspillé autant d'esprit, il en jetait à tous les vents, si bien qu'il n'a produit que des œuvres de courte haleine, alors qu'il y avait en lui l'étoffe d'un grand écrivain. Il trouva lui aussi, comme Dorvigny, un filon qu'il exploita. Nous voulons parler du type de Cadet-Roussel dont il est l'inventeur et qui fut longtemps une mine d'or pour le théâtre qui nous occupe.

Il est aussi l'auteur de *Madame Angot au sérail de Constantinople*, qui eût plus de deux cents représentations et qui releva la fortune d'Audinot, le fameux directeur de l'Ambigu-Comique.

L'Almanach des Spectacles de 1794 mentionne cependant une comédie en trois actes et en vers de notre auteur intitulée : *La Nouvelle Héloïse* et jouée au théâtre Montansier.

Une anecdote, racontée par M. de Rochefort père, achèvera de le faire connaître à nos lecteurs :

Un jour qu'il s'était, comme de coutume, installé dans un cabaret de la Courtille pour écrire un de ses vaudevilles, il est témoin d'une dispute entre un forgeron et sa femme, attablés non loin de lui ; d'invectives en invectives, l'aimable couple en arrive aux coups. Aude veut intervenir, il ne fait qu'exciter les combattants, les gifles redoublent. Enfin, à bout d'arguments, le mari s'écrie :

— Qui donc me débarrassera de cette g.... là! je la donnerai à bon marché.

Aude est aussitôt illuminé d'une idée :

— Combien en voudriez-vous? dit-il à l'époux.

— Ce qu'on voudra...

— Si trente francs pouvaient suffire!

— C'est plus qu'elle ne vaut ; mais c'est égal, donnez et emmenez-la!

La pauvre femme qui était, chaque jour, victime d'un époux brutal, ne fit aucune difficulté pour suivre son acquéreur.

Ce marché eut les suites les plus heureuses pour les deux associés qui vécurent pendant plus d'un quart de siècle, ainsi que deux tourtereaux, dans une maisonnette de la plaine des Vertus.

Le nouveau Philémon ne vécut que peu de temps après que la Parque l'eut séparé de sa tendre Beaucis; ses fréquentes stations au cabaret, où il n'entrait plus que pour noyer son chagrin, le conduisirent à l'Asile de la Providence, où il mourut au mois d'octobre 1841.

Dans le nombre de ceux qui s'égaraient dans ce capharnaüm, nous trouvons encore les deux Ségur dont l'un représenta la Cour de France auprès de Catherine II, et dont l'autre portait déjà, lors de la

Révolution, les épaulettes de maréchal de camp. Le comte et le vicomte n'étaient plus que le citoyen Ségur aîné et le citoyen Ségur jeune. Ruinés par le nouveau régime, ils avaient demandé une ressource à leur plume et ils travaillaient pour le théâtre, se faisant un plaisir d'être les confrères et les amis de simples auteurs la plupart très roturiers. Le comte de Ségur, que l'Empire fit grand maître de cérémonies, devint académicien et plus tard pair de France. Le vicomte, celui qu'on appelait Ségur *sans cérémonie*, par allusion aux fonctions de son frère, resta simple auteur dramatique. Un jour qu'on faisait remarquer à ce dernier la distance qui le séparait de son frère aîné, il répondit ces charmantes paroles qui donnent la meilleure idée de son esprit et de son cœur : « N'osant pas être « jaloux de mon frère, j'ai pris le parti d'en être fier. »

Il avait fait jouer en 1791, au théâtre Montansier, un petit opéra-comique en un acte intitulé : *Le Mariage clandestin*, dont la musique était de Devienne. Ce Devienne, qui avait débuté comme compositeur au théâtre Montansier, se rendit justement populaire par sa jolie musique des *Visitandines*. La plupart des airs de cet opéra-comique sont devenus populaires :

    Enfant chéri des dames...

a fait le tour du monde.

Les Visitandines, dont les paroles sont de Picard et qui furent représentées pour la première fois, à la salle Favart, le 7 juillet 1792, ont été fort souvent imitées depuis. En les voyant jouer dernièrement, quelque peu défigurées sous le titre des *Mousquetaires au Couvent*, nous avons dû regretter qu'on n'ait pas adapté à ce pastiche la musique encore si fraîche des *Visitandines*.

Un autre gentilhomme, le baron d'Allarde, grand amateur de bonne chère, qui avait dissipé dans les festins un assez joli patrimoine, venait oublier dans le brouhaha étourdissant du foyer Montansier la perte de sa fortune. Il y puisa les éléments d'une nouvelle existence. Le théâtre l'accapara tout entier et lui donna encore le moyen de sabler le champagne à de copieux repas. Il ne signa ses nombreuses pièces que de son prénom de Francis ; il en est qu'il écrivit en collaboration avec Moreau qui sont marquées au meilleur coin, nous aurons à y revenir.

Un des plus assidus était Capelle, un libraire qui, comme Barba, se prit d'une grande affection pour les gens de théâtre. La contagion du vaudeville s'empara un jour de lui, et il en fit comme nous tous qui, quelquefois, n'étaient pas sans valeur. Il fréquenta plus tard les membres du Caveau, se fit l'éditeur de leurs chansons et puisa, dans leur

entretien, l'idée d'une œuvre immense, colossale, qu'il eût le courage d'entreprendre et qu'il finit par mener à bonne fin. Nous voulons parler de la *Clef du Caveau*, de cet étonnant recueil qui ne contient pas moins de deux mille trois cents airs « puisés
« dans tous nos opéras anciens et modernes, ainsi
« que dans les partitions des chefs d'orchestre de
« nos différents théâtres secondaires, avec la mu-
« sique des couplets, leur origine et le nom des
« compositeurs. »

Les personnages les plus célèbres, comme aussi les plus excentriques, ne craignaient pas, on le voit, de se faufiler dans ce milieu bruyant, grouillant, amusant, qui n'était ni un harem, ni un bazar, ni un cercle, ni un salon, ni un boudoir, mais qui tenait de tout cela à la fois.

L'auteur de *Madame Scarron*, un des succès au théâtre Montansier-Variétés ; Servières, qui ne visait pas encore aux hautes fonctions administratives, y a cherché plus d'un couplet de facture avec Coupart, le bon Coupart, l'ancien chef du bureau des théâtres au ministère de l'intérieur, que nous retrouverons régisseur et administrateur du théâtre du Palais-Royal sous la direction Dormeuil ; Dumaniant y a expliqué à Étienne la façon dont on sortait d'un imbroglio dramatique ; Henrion y a tracé le plan de *Manon la Ravaudeuse*, en offrant des bouquets aux hétaïres dont nous avons parlé. Vingt auteurs enfin y ont trouvé un dénouement longtemps cherché et tout cela pendant le va-et-vient des militaires qui s'y donnaient rendez-vous, et qui, entre deux victoires, y venaient traîner leurs grands sabres et leurs éperons. La génération qui nous a précédé a gardé longtemps le souvenir de ce foyer Montansier qui était à lui seul tant de choses et sa disparition a laissé un vide qui ne pourrait plus être comblé.

CHAPITRE VIII

Nicodème dans la lune. — Le Bouffe et le Tailleur. — Les Chevilles de Maître Adam. — Le vaudeville grivois. — Débuts de Mlle Flore. — De Monrose. — Adieux au public du Palais-Royal.

On joua en 1801 *le Gondolier ou la Soirée vénitienne*, « ouvrage charmant, dit *l'Almanach des Spectacles*, « des citoyens Ségur aîné et Desprez, que le jeune « Foignet a embelli d'une musique fraîche et har- « monieuse. »

Le Duel de Bambin, vaudeville en un acte de Dumaniant, l'auteur de *Guerre ouverte*, et une pièce en deux actes, paroles et musique du Cousin Jacques, intitulée : *Le Vieux Bonhomme*.

Une pièce du Cousin Jacques était encore à cette époque presque un événement. Son *Nicodème dans la lune* joué en 1790, et qui avait eu plus de trois cents représentations au boulevard l'avait singulièrement posé aux yeux du public. Il avait, comme

Aude et Dorvigny, mis la main sur un de ces types qui s'imposent et qui font école. La postérité des *Nicodème* n'atteignit pas à la hauteur de celle des *Janot*, des *Jocrisse* et des *Cadet-Roussel*, mais elle fut cependant fort respectable : Les Deux *Nicodème*, les Trois *Nicodème*, *Nicodème aux enfers*, et quelques autres *Nicodème* qui suivirent à la queue leu leu établirent ce personnage qui eut sa personnification dans Juliet, un acteur de mérite et dont la réputation balança un moment celle de Volange.

Nicodème, on ne sait pourquoi, avait, depuis fort longtemps dans le peuple, à peu près la même signification que *Jocrisse*. « Je ne puis souffrir, disait
« Santeuil, qu'on traite de Nicodème un homme
« simple, un homme dont on ne fait point de cas.
« Nicodème fut un homme de qualité, contemporain
« de Jésus-Christ, qui se sacrifia pour la reli-
« gion (1). »

L'Année théâtrale de l'an X signale cette même année l'engagement de Véniard. Elle met cet artiste, qui jouait les jeunes premiers comiques, sur le même pied que Brunet et Tiercelin. « Il reste
« bien démontré, dit le directeur de cette publica-
« tion, notoirement hostile à notre théâtre, que sans
« Brunet, Tiercelin et Véniard, il ne pourrait y
« avoir de théâtre Montansier. »

(1) *Santoliana*. Paris, 1714. In-12, p. 65.

C'est aller un peu loin : Crétu, César Amiel, Foignet père, Simon, Dubois, Cazot, Lefèvre et Duval, ainsi que Mmes Barroyer, Caroline, Drouville et Mengozzi, ont laissé d'excellents souvenirs.

Le nom de l'acteur Duval se trouve dans toutes les pièces de *Jocrisse*. « Ce bon Duval jouait lui-même le rôle de *Monsieur Duval* dont il retraçait au naturel toute la bonhomie. »

La plupart des pièces jouées au théâtre Montansier, à partir de l'engagement de Brunet jusqu'en 1805, n'offrent qu'un intérêt fort médiocre, il serait fastidieux d'en donner la liste. « Il suffisait pour
« aller aux nues, dit Brazier, qu'une pièce fut
« assaisonnée de calembourgs et qu'elle ait un rôle
« pour Brunet. »

Le Bouffe et le Tailleur, opéra-bouffon en un acte, paroles de Villiers et Armand Gouffé, musique de Gaveaux, représenté le 2 messidor an XII (21 juin 1804), mérita néanmoins le grand succès qu'il obtint.

Cette pièce, dont les airs devenus promptement populaires sont arrivés jusqu'à nous, avait pour principaux interprètes Bosquier-Gavaudan et Brunet.

Celui-ci finit par tout absorber. Le théâtre Montansier ne fut bientôt plus que le théâtre de Brunet. La question la plus ordinaire devint celle-ci : Avez-vous vu Brunet dans telle pièce? Cette pièce n'était pourtant la plupart du temps qu'une jocrissiade.

Signalons cependant un vaudeville de Lebrun-Tossa, intitulée : *la Jolie Parfumeuse*. Cette jolie parfumeuse pourrait bien avoir inspiré les auteurs de l'opérette jouée de nos jours sous le même titre et sur laquelle Offenbach a brodé une jolie musique.

Lebrun-Tossa, l'auteur dont il est ici question, eut un moment de célébrité ; il fut mêlé aux querelles littéraires soulevées par la jolie comédie d'Étienne : *les Deux Gendres*. On sait qu'Étienne fut, à propos de cette comédie, fortement accusé de plagiat. Au plus fort de la dispute, l'auteur de *la Jolie Parfumeuse* l'accusa de lui avoir communiqué un manuscrit de la Bibliothèque nationale dans lequel il avait non seulement pris son sujet, mais aussi quelques-uns de ses plus jolis vers.

Le Diable couleur de rose, paroles de Levrier de Champrion, musique de Gaveaux, mérite également d'être mentionné. Caroline, travestie en petit diable et qui était ravissante dans tous ses rôles, le fut surtout dans cette pièce qui obtint un succès fou. « Bosquier-Gavaudan, l'homme de France, dit Bra-« zier, qui chanta le mieux le vaudeville. » « Acteur « franc, chaleureux, plein d'entrain, possédant une « voix sympathique, qui donnait aux couplets un « charme infini, dit à son tour Rochefort père » (1),

(1) *Mémoires d'un vaudevilliste*, p. 56.

débuta dans cette pièce dans un rôle de Normand qu'il joua à ravir.

Les Chevilles de maître Adam, menuisier de Nevers, vaudeville en un acte, de Francis d'Allarde et Moreau, joué au commencement de 1805 et que la direction ne reçut qu'avec de grandes difficultés par cette seule raison « qu'il lui parut trop spiri« tuel » et qu'il s'écartait par trop des niaiseries en vogue, eut un immense retentissement. Cette pièce était émaillée de jolis couplets qui firent une heureuse diversion.

Celui qui se termine ainsi :

Pégase est un cheval qui porte
Les poètes à l'hôpital.

resta longtemps populaire.

L'étoile de Brunet pâlit un moment. La pièce qui suivit les *Chevilles de Maître Adam*, intitulée : *Sauvageon ou le jeune Iroquois*, dans laquelle il jouait, fut, pour parler l'argot des coulisses, horriblement égayée. On accueillit l'acteur populaire par les cris de : « A bas Brunet ! A bas le pantin !... » Il aurait pu prendre courageusement l'offensive comme autrefois Baron et dire aux siffleurs : « Ingrat public, toi que j'ai élevé... » Il n'en fut rien ; il resta froid, impassible, devant l'orage qui grossissait. On se battit, on cassa les banquettes, il ne broncha pas il y avait décidément un philosophe sous la veste de Jocrisse. Brazier nous dit qu'une cabale épouvantable était montée contre la pièce ; mais son jugement peut paraître suspect, il en était l'auteur. On doit plutôt supposer que le public affriolé par les *Chevilles de Maître Adam* qu'il redemandait à cor et à cri, voulut simplement, par ses sifflets, imprimer à la direction une voie nouvelle.

La protestation porta ses fruits.

Quelques bons ouvrages succédèrent à celui-là. Nos grands hommes furent tour à tour mis en vaudeville pour Bosquier-Gavaudan qui excellait à les représenter.

Chaulieu en voyage, Boileau à Auteuil, Chapelle et Bachaumont et quelques autres productions de ce genre furent bien reçues, et alternèrent heureusement avec ce qui survint et qu'on appela alors le vaudeville grivois ou poissard. Ce genre consistait à mettre en scène les forts de la halle, les débardeurs, les bateliers de la Rapée, en un mot tous les types *populaciers* et à leur faire parler le langage coloré emprunté au vocabulaire de Vadé. Armand Gouffé et Georges Duval excellèrent dans ces sortes d'ouvrages qui, aujourd'hui, supportent à peine la lecture et qui avaient alors du succès. *Vadé à la Grenouillère,* dont ils sont les auteurs, fut un de ceux de cette espèce qui réussirent le mieux.

C'est vers cette époque que débuta, encore enfant, Mˡˡᵉ Flore. Ses débuts eurent lieu, comme ceux de Mˡˡᵉ Mars dans le rôle du *Petit Jocrisse*. « Brunet qui aimait ma gentillesse et mon espiè« glerie, dit-elle dans ses mémoires, songea à faire « de moi son petit frère. »

Il ne tint qu'à un fil que la charmante actrice, dont la mère était habilleuse au théâtre Montansier, ne naquit sur les planches.

« Il arriva, dit-elle encore, que ma mère fut sur« prise par le besoin impérieux de me donner le « jour pendant qu'elle était dans la coulisse. On « n'eut que le temps de la conduire chez elle. Un « moment plus tard, je naissais sur le théâtre pen« dant la représentation d'une pièce du citoyen « Dorvo, intitulée : *Je cherche mon père.* »

Monrose qui joua avec tant de verve et d'esprit l'emploi de premier comique au Théâtre-Français passa également par le théâtre *Montansier-Variétés*.

Désaugiers lui fit sur sa demande et pour ses débuts un rôle d'Arlequin ; mais le jour de la première représentation de cette arlequinade et, au moment même où le rideau se levait, Monrose fut pris d'une indisposition subite. On allait faire une annonce, proposer un autre spectacle ; mais le bon Désaugiers, qui ne voulait pas voir arrêter sa pièce nouvelle, endossa l'habit d'Arlequin, joua le rôle avec force gambades et le public n'y vit que du feu.

L'orage qui avait un instant grondé sur la tête de Brunet, sur l'acteur favori, se dissipa comme par enchantement ; il y eut une forte réaction en faveur du roi de la *bêtise*, de cette bêtise dont vivaient et vivent encore tant de gens d'esprit. Cadet-Roussel reprit d'une main plus ferme le sceptre qu'on avait essayé de lui arracher; et son palais, c'est-à-dire son théâtre, ne désemplit plus. Les grandes scènes s'en émurent. La plus voisine, celle de la rue Richelieu, se rappela que dans de pareilles circonstances le Théâtre-Français avait fait fermer le *théâtre de la Foire*, et fit entreprendre, par les journaux bien pensants de l'époque, une campagne contre « *la littérature de mauvais goût* » que débitaient chez la Montansier « *des pitres sans talents* ». Cela alla si loin que le gardien des bonnes mœurs, ministre de la police d'alors, le *vertueux* Joseph Fouché, duc d'Otrante, provoqua de la toute-puissance impériale un décret qui enjoignit à l'administration du théâtre Montansier-Variétés d'évacuer le Palais-Royal pour le 1er janvier 1807.

L'autorité despotique du souverain n'admettait pas de réplique, il fallut se soumettre. En présence de ce cas de force majeure, le bail des cinq directeurs fut résilié de plein droit. Mlle Montansier, qui avait pu obtenir l'autorisation d'aller s'établir à une plus grande distance du Théâtre-Français leur proposa, ce qui fut accepté par trois d'entre eux, la construction d'une nouvelle salle boulevard Montmartre et d'aller jouer, en attendant qu'elle fut bâtie, sur le théâtre de la Cité. Mlle Montansier et Brunet remplacèrent Foignet et Simon qui se refusèrent à entrer dans la nouvelle combinaison directoriale.

Les artistes jouèrent à la salle Montansier pour la dernière fois le 31 décembre 1806. Leurs adieux au public furent des plus touchants. Désaugiers, Francis d'Allarde et Moreau improvisèrent en quelques heures, pour la circonstance, des couplets qui rappelaient, chacun, un rôle ou une pièce à succès. Ces couplets, quelque faibles qu'ils paraissent, et que nous reproduisons d'après l'*Annuaire dramatique*, arrachèrent, nous dit Brazier, des larmes aux spectateurs. Ils furent précédés par le chœur suivant :

> Vous, qui chaque soir à nos jeux,
> Depuis dix ans veniez sourire,
> Daignez recevoir nos adieux,
> En partant notre joie expire.

Après ce chœur qui fut chaleureusement applaudi, Brunet ouvrit la marche dans son rôle de M. Vautour et chanta d'une voix émue :

> A la Cité, de mon tabac,
> Je vais emporter l'entreprise ;
> J'aurai toujours du Macoubac,
> Pour moi, n'allez pas lâcher prise.

Puis, successivement, et dans l'ordre suivant :

Mme Baroyer, dans la Servante de *Monsieur Girafe* :

> Vous, qu' le caquet n'fatigue pas,
> Vous savez tous que c'est moi qu' ça regarde,
> Dans le quartier des avocats,
> Comme je vais être bavarde !

Dubois, dans *Maître Adam* :

> Maître Adam, vous quitte aujourd'hui,
> Adieu saillie et gaieté franches,
> Si vous ne changez pas pour lui,
> Il n'aura que changé de planches.

Joly, dans *Gallet* :

> Au débit de tous mes couplets,
> Ces lieux furent longtemps propices,
> Mais dans le quartier du Palais,
> Gallet vendra bien ses épices.

Caroline dans le *Diable couleur de rose* :

> Si longtemps par des tours malins,
> Colifichet parut aimable,
> Dans la saison des diablotins
> Oublierez-vous le petit diable ?

Bosquier-Gavaudan, dans le rôle du Normand du *Diable couleur de rose* :

> Vers la cité de quelques pas,
> Faites pour moi le sacrifice ;
> Comme Normand, d'avance, hélas !
> Je crains le palais de Justice.

Mme Drouville, dans *Manon la Ravaudeuse* :

> Dans le quartier où nous allons,
> Comme ici puissé-je être heureuse !
> N'allez pas tourner les talons,
> A la petite ravaudeuse.

Vaudoré, dans *Monsieur Girafe* :

> Nous craignons sans votre secours
> De n'étrenner que les dimanches,
> Ici, nous étrennions toujours,
> C'est une autre paire de manches !

Aubertin, dans le Jardinier de *Monsieur Girafe* :

> J' nous consol'rons bientôt, ma foi,
> Du p'tit voyag' que j'allons faire,
> Si chaque fleur qu'ici je vois,
> Vient orner not' nouveau parterre.

Tiercelin, dans *Vadé à la Grenouillère* :

> Si vous craignez d' passer les ponts,
> Le batelier d' la Grenouillère,
> S'ra z'au poste, j' vous en réponds,
> Pour vous faire passer la rivière.

Lefèvre, dans le Cocher des *Petites Marionnettes* :

> Demain, c'est moi qui bien ou mal,
> A la Cité conduit la noce.
> Pourquoi tout le Palais-Royal,
> Ne tient-il pas dans mon carrosse ?

Mme Mengozzi, dans Lisbeth des *Amours protées* :

> Vous que l' tambour ou l' tambourin,
> A la gloire, au plaisir, entraîne ;
> Quand vous avez passé le Rhin,
> Craindrez-vous de passer la Seine ?

Ce couplet patriotique qui fut celui de la fin, fut couvert d'applaudissements ; [il fut bissé ainsi que le chœur d'entrée cité plus haut et qui fut repris à la demande de la salle entière. De mémoire de spectateurs, jamais semblable ovation avait été faite à des artistes.

CHAPITRE IX

Théâtre du Palais-Variétés. — L'acteur Beaulieu et le libraire Barba. — La Famille des Innocents. — Forioso et les frères Ravel. — La Malaga. — Les jeux forains. — Le Café de la Paix. — Le Fauteuil de la Montansier.

Le théâtre du Vaudeville, situé rue de Chartres et voisin, par conséquent, du Palais-Royal, bénéficia grandement de la fermeture du théâtre Montansier. Les anciens habitués de ce théâtre ne se décidaient que fort difficilement à passer les ponts. Les abords de la salle de la Cité, de ce théâtre construit sur les ruines de l'ancienne église Saint-Barthélemy, n'avaient, d'un autre côté, rien d'engageant ; on y arrivait par plusieurs corridors tristes et sombres qui respiraient l'odeur du cloître.

« Quand je traversais, en 1805, dit Brazier, ces
« voûtes silencieuses pour aller faire répéter un de
« mes premiers vaudevilles, il me semblait toujours
« voir quelque saint fantôme se dresser devant
« moi. »

On y entrait par le quai aux Fleurs, mais il avait une façade rue de la Vieille-Draperie, devenue plus tard rue Constantine. Avant que l'immeuble ne fût démoli pour faire place au Tribunal de Commerce, on voyait encore sur cette façade l'inscription suivante :

Théâtre du Palais-Variétés.

C'est sous ce titre qu'il fut inauguré par la troupe Montansier.

Ce théâtre, qui fit sa première ouverture en 1791, et dont le public semblait avoir complètement oublié le chemin, avait cependant donné des preuves d'une grande vitalité. Il s'était emparé à la fermeture des *Variétés amusantes* de la meilleure partie de ses acteurs et de quelques pièces de son joyeux répertoire. C'est là que Cadet-Roussel apparut pour la première fois. Ce personnage, qu'il était réservé à Brunet de populariser, y fut créé avec succès par Beaulieu.

La première pièce de cette innombrable série était intitulée : *Cadet-Roussel, au Café des Aveugles*, folie-parade. Elle fut jouée le 20 février 1793.

A l'une des représentations de cette pièce un spectateur cria à Beaulieu : « Plus z' haut ! » — « Je peux pas, citoyen, répartit l'acteur, je suis t'empoisonné ! »

La plaisanterie fit fortune et chaque soir Beaulieu était interpellé de la même façon. Le libraire Barba, qui fréquentait le théâtre de la Cité, se chargeait volontiers de ce rôle d'interrupteur : c'était alors à lui personnellement que la réponse était adressée. Quelquefois, c'était un spectateur qui répondait pour l'artiste : « Vous savez bien, citoyen Barba, qu'il est z'empoisonné ! » La salle entière riait aux éclats.

Ce pauvre Beaulieu, qui finit par un suicide, s'était signalé par son courage à la prise de la Bastille, comme il se signala plus tard par de nombreux actes de bienfaisance. Il donna, un jour, bien qu'il ne fut pas dans une position brillante, le produit d'une représentation à son bénéfice (six cent seize livres) à un de ses amis qu'il savait dans la gêne.

C'est sur cette scène de la Cité que furent jouées : la pièce fameuse de *l'Époux républicain*, dont nous avons déjà parlé, *les Dragons et les Bénédictines* qui ressemblent, eux aussi, aux *Mousquetaires au Couvent*, représentés de nos jours et enfin *le Jugement dernier des Rois*, qui eut un grand retentissement.

Dans cette monstrueuse folie, où les rois sont engloutis, au dénouement, dans un volcan qui fait irruption, l'impératrice Catherine II, qui y est appelée *la Catau du Nord*, se battait avec le Pape, elle avec son sceptre, lui avec sa tiare, aux applaudissements frénétiques de la salle.

C'est là également, nous l'avons dit, que s'était essayé Martainville comme acteur et que débuta le libraire Barba, quand il eut à son tour la velléité de monter sur les planches.

Picard y fit jouer sa première pièce. Nous trouvons à côté de lui et entr'autres noms plus ou moins célèbres, ceux de Pigault-Lebrun, Desforges, Armand Gouffé, Rougemont, Sewrin, Dumersan et surtout celui du Cousin Jacques qui y fit jouer, le 3 juillet 1797, une pièce avec ce titre alléchant que nous reproduisons textuellement et d'après l'affiche:

« *Turlututu, empereur de l'île verte*, folie, bêtise, farce
« ou parade, comme on voudra, en prose, en trois
« actes, avec une ouverture, des entr'actes, des
« chœurs, des marches, des ballets, des cérémonies,
« du tapage, le diable, etc., etc.

« Jouée par Brunet, Raffile, Tiercelin, Duval, Ba-
« roteau, Mmes Brunet et Lacaille. »

Il fallait de pareils titres ou un grand succès pour attirer le public *de l'autre côté de l'eau*. Il se produisit à la fin pour les réfugiés de la salle Montansier avec un simple vaudeville sur lequel, ainsi que cela arrive souvent, on ne fondait aucune espérance.

La Famille des Innocents, tableau villageois de Sewrin et Chazet, attira tout Paris au théâtre du

Palais-Variétés, et fit encaisser en trois mois plus de trois cent mille francs à la direction.

« Les scènes les plus piquantes étaient celles où
« on jouait à la main chaude et au pied de bœuf :
« Mais Caroline était si gentille et chantait si bien ;
« Brunet était si naïf ; Joly et Vaudoré se mon-
« traient si bêtes, que nos habitués passaient l'eau
« pour aller les applaudir. » (1)

Cette veine inespérée permit d'attendre patiemment l'ouverture de la salle du boulevard Montmartre. Elle eut lieu le 24 juin 1807 sous le nom de Théâtre des Variétés.

Les Variétés, issues directement de la salle Montansier, ont prouvé depuis par des succès innombrables qu'elles étaient dignes de leur illustre origine. Fasse le ciel qu'elles en conservent le souvenir et qu'elles ne répudient jamais les gais flonflons qui retentirent à leur berceau.

Après le départ de ses excellents artistes, Mlle Montansier eut l'autorisation de louer sa salle à des faiseurs de tours, à des danseurs de corde. On pensa avec quelque raison que notre première scène n'aurait rien à redouter de semblables voisins. La famille Forioso, originaire de Bergame, et « connue dans le monde entier » prit possession du théâtre. Cette famille se composait du père, de la

(1) BRAZIER. *Histoire des petits théâtres.*

mère et de trois enfants. L'aîné, Pierre Forioso était un sujet hors ligne ; la grâce avec laquelle il retombait sur la corde raide après les bonds les plus fantastiques lui conquit, le premier jour, la faveur du public ; son jeune frère Mustapha, et sa sœur Zéphirine, moins forts que leur aîné, ne manquaient pas cependant d'un certain mérite. Zéphirine, surtout, parut resplendissante sous son costume pailleté ; sa jambe, modelée sur celle d'une statue antique, fit fureur.

Deux autres danseuses, les dames Léonati et Pique, complétaient la troupe et rivalisaient avec Zéphirine de force, de grâce et d'agilité. « Cette « dernière, à peu près dans le costume de Vénus « sortant de l'onde, se tenait sur un trône entouré « de nuages et reposant sur la corde, tandis qu'un « feu d'artifice éclatait autour d'elle en l'envelop- « pant de toutes parts. »

Ce spectacle attrayant piqua quelque temps la curiosité ; mais les recettes baissant avec les chaleurs de l'été, la famille Forioso se transporta au jardin de Tivoli où elle donna ses représentations en plein air.

Elle fut remplacée à la salle Montansier par deux frères nommés Ravel. L'aîné dit le Terrible « sur- « nommé *l'Incomparable* par le public de la capitale, » défiait tous ses rivaux et se donnait pour « le plus

« intrépide danseur de corde de l'univers. » Forioso, témoin du boniment, proposa à son rival un assaut avec un enjeu de vingt-cinq napoléons.

Ravel aîné accepta, et c'est le 12 août 1807, que dans la salle Montansier, eut lieu cette lutte gigantesque, lutte à jamais mémorable dans laquelle, disons-le à la gloire de notre patrie, l'Italien fut vaincu.

On a prétendu que pour le dédommager de son échec, la Montansier épousa secrètement le malheureux et beau vaincu. On chercherait vainement la preuve d'une semblable bizarrerie. Elle n'aurait pu se produire, dans tous les cas, qu'après la mort de Neuville ; or une lettre signée de ce dernier et que nous reproduisons plus loin, démontre clairement qu'il vivait encore au mois d'octobre 1811. C'est seulement au commencement de 1812 que l'époux de la Montansier passa de vie à trépas.

Vestris et Paul Duport, désignés comme juges du tournoi de la salle Montansier, s'étaient adjoints, pour donner son avis en cas de partage, la reine de la danse de corde, la belle Malaga. Celle-ci n'avait pu que ratifier le jugement rendu par les deux illustres danseurs.

Il n'est pas hors de propos de dire quelques mots sur cette femme célèbre, qui tient au théâtre du Palais-Royal par un de ses artistes les plus sym-

pathiques (1). C'était dans une salle située sur le boulevard du Temple, à côté du théâtre des Délassements, qu'avaient lieu ses exercices avec ou sans balancier. « Rien n'était plus joli, plus gracieux, » disent ses contemporains. « Je suis allé plusieurs
« fois la voir, dit à son tour Charles Maurice (2),
« déployer ses grâces modestes, ses jolis bras
« pliant sous le balancier et fasciner de ses regards
« les amateurs, dont pas un pouvait se dire le
« préféré. A chaque séance, précédée de la parade,
« où le père Rousseau se faisait remarquer, made-
« moiselle Malaga venait se montrer sur ces plan-
« ches en plein vent, dans un costume pailleté,
« presque toujours rouge et très favorable à l'éclat
« de son teint de blonde. Pas un de ces spectacles
« de banquistes installés au boulevard du Temple
« ne faisait autant d'argent. Aussi se retira-t-elle,
« assure-t-on, avec plusieurs centaines de mille
« francs d'économie. »

Elle se montra pour la dernière fois à la fête donnée à Versailles, en 1814, en l'honneur des souverains coalisés. Une partie du spectacle se composait de l'ascension de deux danseurs (homme et femme) sur deux cordes parallèles tendues au-des-

---

(1) Elle est la grand'mère maternelle de Réné Luguet.

(2) *Histoire anecdotique du théâtre*, par CHARLES MAURICE. Tome Ier, p. 45. 2 vol. in-8.

sus de la pièce d'eau des Suisses. L'homme perdit l'équilibre et se tua ; plus adroite, la Malaga, car c'était elle, et non sa fille comme plusieurs l'ont prétendu, après avoir également chancelé et quitté la corde, la saisit et resta suspendue par une main à près de deux cents pieds au-dessus du lac, pendant plus de vingt minutes que l'on mit à aviser au moyen de sauvetage. L'intrépide et courageuse femme garda toute sa vie la marque de la corde, qui lui avait, ainsi qu'un fer rouge, brûlé tout le dessous de la main droite.

Après le départ des frères Ravel, les *Marionnettes* eurent l'autorisation de reparaître sur la scène qu'elles avaient jadis inaugurée. Un entrepreneur se chargea de les faire mouvoir sous le nom de *Puppi napolitains*.

On exhuma les comédiens de bois qui dormaient depuis plusieurs lustres dans le troisième dessous ; on secoua la poussière de leur linceul et Martainville, le fougueux Martainville, écrivit pour eux, comme pour d'anciens amis, un prologue d'ouverture qu'il intitula : *la Résurrection de Brioché*. Il eut beau, dans ce prologue, rappeler un passé illustre, insinuer qu'une Altesse sérénissime, que le comte de Beaujolais, avait jadis honoré ces mêmes comédiens de sa haute protection, ils furent très froidement accueillis.

On osa les remplacer par des chiens savants et il se trouva, (la noble corporation des auteurs dramatiques dut en rougir,) un auteur qui fit pour eux une espèce de mélodrame qui eut un certain succès. Un boule-dogue, qui jouait un rôle de traître, et une jeune caniche, qui représentait la jeune fille innocente et persécutée, se faisaient particulièrement applaudir dans cette pièce à tous poils. L'inconduite de la jeune première ne tarda pas à jeter du désarroi dans la troupe canine qui fut licenciée après quelques nouvelles et graves escapades de ses premiers sujets.

Le théâtre Montansier devait subir de nouvelles vicissitudes. Il devait, nouveau Protée, prendre toutes les formes avant de pouvoir se débarrasser des entraves gouvernementales, avant de briser les liens multiples qui l'étreignaient.

Il prit en 1810, on ne sait pourquoi, le titre de *Jeux forains.* Rien ne ressemblait moins à ces jeux cependant, que les plates ariettes qui s'y chantaient de quart d'heure en quart d'heure, et que les scènes détachées et les petits vaudevilles à deux et trois personnages que l'on permit de jouer par la suite. L'autorisation de représenter ces petits vaudevilles paraît n'avoir été accordée que pour la forme, à en juger par la lettre suivante, adressée au ministre de l'intérieur et signée Montansier et Neuville. Cette lettre est datée du 30 octobre 1811 :

« Monseigneur,

« Permettez-moi de vous retracer ici la malheu-
« reuse situation dans laquelle je me trouve par le
« refus que l'on me fait au ministère de la police
« générale de me rendre les pièces que je me pro-
« posais de faire jouer dans ma salle du Palais-
« Royal, et que j'ai soumises à la censure comme
« c'était mon devoir. J'ai demandé si ces pièces
« contenaient quelques passages contre les mœurs
« ou le gouvernement, et il m'a été répondu que
« les censeurs y avaient donné pleine approbation.

« Quel peut donc être le motif qui empêche de
« me les remettre ?

« Cependant, par l'effet de ces retards, mes re-
« cettes diminuent journellement ; je ne puis offrir
« que des spectacles usés que le public connaît et
« qu'il ne veut plus revoir.

« Si cet état de choses et de persécution continue,
« je suis ruinée. Obligée de payer la part des
« pauvres, celle des auteurs et celle de l'Académie
« impériale de musique, je me trouve chaque soir
« au-dessous de mes frais.

« Votre Excellence m'a permis de rouvrir ma salle
« du Palais-Royal qui était ma seule ressource.
« Si je ne puis jouer aucune pièce nouvelle, le bien-

« fait que j'ai reçu de vous, non seulement ne me
« sera pas profitable, mais il aura causé ma ruine. »

Cette lettre, qui plaidait une cause juste, resta sans réponse. Les *Jeux forains* cessèrent leurs représentations dix-huit mois après.

Ils furent remplacés par un café qui, pendant les cent jours et par antithèse, sans doute, prit le nom de *Café de la Paix*.

A la première nouvelle du retour de l'Empereur de l'île d'Elbe, le Café de la Paix retentit de chants de gloire. La *Marseillaise* y était entonnée tous les soirs.

A la deuxième restauration, il devint le rendez-vous des exaltés de tous les partis. Quelques officiers de l'Empire allaient là, comme en partie de plaisir, chercher dispute aux gardes du corps qui ne s'y rendaient que pour les braver. Ces querelles de tous les instants étaient toujours suivies de provocations en duel et se terminaient le plus souvent au bois de Vincennes. Il y eut un soir tant de glaces brisées et tant de sang répandu que la fermeture en fut définitivement ordonnée.

On attribua injustement le bris des glaces seulement aux gardes du corps et l'on fit contre eux une chanson dont voici les deux principaux couplets :

> Braves guerriers, l'impartiale histoire
> Consignera, qu'à vos princes soumis,
> Vous fîtes tant pour soutenir la gloire
>   Et de l'encensoir et du lys

Que, précédés des Scythes et des Thraces,
Nous avons vu leurs glaives meurtriers
Conduits par vous, renverser jusqu'aux glaces
    Du café Montansier.

Honneur à vous, enfants de la victoire
Sous ses drapeaux, vous serez signalés,
Et tous vos noms, au temple de mémoire,
    Par Clio, seront burinés.
Dans nos guérets, vos imposantes masses
Ont bien prouvé qu'à votre élan guerrier
Rien ne résiste... pas même les glaces
    Du café Montansier.

Un nommé Vallain fort bien en cour, pour avoir crié : « Vive le roi! » à une époque où cela pouvait passer pour du courage, obtint peu de temps après l'autorisation de rouvrir l'établissement qui avait été mis à l'index. Il usa largement de la permission qui lui fut exceptionnellement encore accordée de jouer des petites pièces à couplets et à deux personnages. Les mêmes pièces, les mêmes scènes étaient représentées trois ou quatre fois dans la même soirée devant un public toujours fort nombreux et qui, de six heures à minuit, se renouvelait plusieurs fois.

Tant que vécut la Montansier, il y eut là, par respect pour elle, un semblant de spectacle, et l'art y tenait une place quelque petite qu'elle fût. A la mort de l'ancienne directrice, le sieur Vallain, qui n'avait plus de considération à garder, congédia ses quelques artistes et l'ancien spectacle ne fut plus qu'un café ; on y jouait la poule. Il y avait au comptoir une merveille de beauté qu'on appelait Nanette. Nanette attira plus de consommateurs que n'en pouvait contenir la salle et contribua, pour sa large part, à la fortune de son patron. Celui-ci mourut dans la peau d'un riche propriétaire ; il avait fait bâtir aux Champs-Élysées une cité qui porte encore aujourd'hui son nom.

Les postulants à sa succession ne manquèrent pas. On essaya de faire revivre l'ancien privilège, mais l'administration resta sourde à toutes les prières, elle basait son refus sur les considérants du décret de 1806 qui avait purement et simplement supprimé le droit d'exploiter un théâtre à la salle Montansier.

Mlle Montansier s'était retirée aux Thernes. Elle s'était crue assez forte pour aller terminer ses jours en simple bourgeoise, entourée de quelques vrais amis, dans une demeure charmante qu'elle avait fait construire. Mais *le mal du pays* ne tarda pas à s'y emparer d'elle. Elle ne manqua pas, pour y remédier, pour ne pas mourir de cette nostalgie des planches si commune chez les vieux comédiens, de faire chaque jour le voyage des Thernes à Paris pour aller visiter le théâtre qui portait encore son nom.

« La fameuse mademoiselle Montansier, lisons-
« nous dans les souvenirs de Charles Maurice, est
« morte aujourd'hui (13 juillet 1820), à l'âge de
« 90 ans. Pour le monde, il ne restait plus d'elle
« que le petit bonnet *monté à la Louis XV*, le seul
« existant à Paris et qui se montrait à une fenêtre
« donnant sur le jardin du Palais-Royal, dans la
« maison encore occupée par le théâtre dont elle a
« été la fondatrice. Cette apparition presque à
« heure fixe, dans l'après-dîné, sous les yeux de
« nombreux promeneurs, était le dernier rôle que
« jouait l'ancienne actrice, flattée de rappeler, du
« moins par la coiffure, madame Geoffrin ou ma-
« dame Dudeffant (1). »

Nous ne pouvons supposer, ainsi que paraît l'affirmer le célèbre critique, qu'on ne voyait plus dans la Montansier, à l'époque dont il parle, que le petit *bonnet Louis XV* qu'elle s'obstinait à por-
ter. La popularité qu'elle avait si justement acquise ne pouvait l'avoir si complètement abandonnée. La salle Beaujolais portait son nom, la salle Louvois, devenue le Grand-Opéra, et sur laquelle une récente catastrophe avait attiré l'attention du monde entier, était son œuvre, celle des Variétés lui devait la meilleure part de son existence ; on ne pouvait

(1) *Histoire anecdotique du théâtre*, par CHARLES MAURICE. Tome I, p. 258.

avoir oublié tout cela, pas plus que le rôle qu'elle avait joué pendant la Révolution. N'avait-elle pas, d'un autre côté, en 1815, essayé de constituer, à ses frais, comme elle l'avait fait en 1792, une compagnie franche pour aller au-devant de l'ennemi qui s'avançait en France. Sa mort, quoi qu'en dise Charles Maurice, fut un événement, et la foule qui se pressa à ses funérailles suffit pour attester que ses contemporains étaient loin, comme il le dit, de l'avoir oubliée.

Le fauteuil de la Montansier, celui qu'elle faisait placer sur la scène lorsqu'elle présidait les répétitions de son théâtre, fut transporté aux Variétés, lors de l'ouverture de cette salle en 1808. Cette épave, échappée à tant de naufrages, la seule qui reste encore du splendide mobilier de la célèbre directrice, est confiée à la garde du régisseur-général du théâtre. Le titulaire actuel, M. Bonnesseur, qui l'a gratifiée d'une housse, ne donne à personne le droit de s'y prélasser. Ce siège est moins fameux sans doute que celui sur lequel s'asseyait Molière et que conserva longtemps comme une précieuse relique le barbier de Pezenas ; mais il n'en mérite pas moins d'être signalé aux archéologues de l'avenir et c'est avec bonheur que, pour terminer la première partie de notre travail, nous remplissons ce devoir d'historien.

DEUXIÈME PARTIE

CHAPITRE Ier

Un nouveau privilège de théâtre. — Charles Contat-Desfontaines dit Dormeuil. — L'ancien chef du bureau des théâtres au Ministère de l'Intérieur. — Réouverture de l'ancienne salle Montansier sous le titre de théâtre du Palais-Royal. — Lepeintre aîné. — Sainville. — Boutin. — Régnier. — Mmes Tobi. — Baroyer. — Elomire. — Déjazet. — Notes biographiques.

La Restauration gardait rancune à la salle Montansier ; elle n'avait pas oublié que le *Café de la Paix* avait été le lieu de rendez-vous des officiers que le rétablissement des Bourbons avait réduits à la demi-solde et qui étaient devenus les plus ardents ennemis du Gouvernement. Les chants patriotiques, les chants d'espérance, qui, pendant les Cent-Jours, avaient là trouvé tant d'écho, résonnaient encore à son oreille ; aussi ne voulut-elle plus entendre parler de réouverture.

Pour mieux accentuer ses nombreux refus, l'Administration des Beaux-Arts autorisait la construction d'une nouvelle salle et accordait un nouveau privilège à un sieur de la Roserie, alors fort bien en cour, mais absolument inconnu dans le monde des Théâtres ; on voulut bien, toutefois, que ce directeur inexpérimenté s'adjoignît MM. Delestre, Poirson et Cerfbeer, en qualité d'administrateur.

C'est en vertu de ce privilège que, le 25 décembre 1820, s'ouvrait, sur l'emplacement même de l'ancien cimetière Bonne-Nouvelle, le théâtre du Gymnase dramatique.

Une salle de spectacle dont les substructions devaient être forcément revêtues de quelques pierres tombales et au lieu et place d'un champ de repos, il y avait là sujet à méditations et de quoi exercer la plume des philosophes.

C'est de là, cependant, que devaient sortir en 1830, les nouveaux directeurs de notre joyeux théâtre ; il ne fallut rien moins qu'une révolution pour les faire éclore, pour lever, enfin, l'interdit qui pesait si lourdement sur la salle Montansier.

Charles Contat-Desfontaines, dit Dormeuil, était un des piliers du Gymnase dramatique, il y tenait d'une manière fort honorable et depuis l'ouverture, l'emploi des pères nobles et celui de régisseur général.

Dans la plupart des pièces de l'honnête répertoire du théâtre de Madame (1) on rencontre un père sensible et vertueux et c'est toujours le nom de Dormeuil qu'on lit en regard du personnage.

Sa placide physionomie, sa taille élégante, sa démarche pleine de noblesse le désignaient naturellement pour ce rôle qu'aucun autre acteur n'eût jamais songé à lui disputer. « Personne ne savait « mieux que lui, lisons-nous dans le *Grand Diction-* « *naire du XIX° siècle*, frapper du pied dans un mor- « ceau d'ensemble et animer une scène en fermant « avec force sa tabatière. »

Le *comme il faut* qu'il portait à la scène le suivait à la ville où il ne tenait d'autre langage que celui des vertueux personnages qu'il représentait et dans lesquels il s'était comme incarné.

De pareils dehors lui firent beaucoup d'amis.

Guerchy, l'architecte du théâtre du boulevard Bonne-Nouvelle, fut de ceux-là.

Ce dernier lui rappela, aussitôt après l'avènement de Louis-Philippe, que la salle Montansier était toujours vacante, que quelques bonnes réparations pourraient la rendre très confortable; enfin, qu'il y avait là une fortune à faire.

Dormeuil se laissa facilement entraîner par le

---

(1) En 1824, le théâtre du Gymnase dramatique prit le nom de théâtre de S. A. R. Madame la duchesse du Berry qui s'était déclarée sa protectrice.

langage persuasif de son ami qu'alléchait la perspective de grands travaux et les voilà cheminant tous deux vers la demeure du propriétaire, un excellent homme, qui, charmé de la bonne mine du comédien, n'eût bientôt plus rien à lui refuser.

Un projet de bail fut dressé.

Il ne restait plus que l'autorisation ministérielle à obtenir.

Nous avons dit que Dormeuil avait beaucoup d'amis ; le plus modeste d'entre eux fut précisément celui qui lui fut le plus utile au milieu des difficultés sans nombre qui se présentèrent à propos de l'obtention du privilège en question.

Cet ami était Coupart, le bon Coupart comme on l'appelait, qui, de vaudevilliste, était devenu chef du bureau des théâtres au Ministère de l'Intérieur.

Personne n'aurait pu dire avec plus de raison :

« Nourri dans le sérail, j'en connais les détours. »

Il savait comment on échappe aux subtilités des bureaux, comment on vient à bout des entraves ministérielles, comment, enfin, on tourne un règlement à propos.

Il guida si bien les pétitionnaires dans le labyrinthe administratif que le chef de la division des Beaux-Arts, le Ministre et le Roi lui-même, le Roi qui ne voulait pas d'un second théâtre voisin de son immeuble, se rangèrent aux bonnes raisons que donnèrent alors d'autres amis plus influents, amis de la dernière heure, qu'on avait réservés pour frapper le grand coup.

En présence du privilège obtenu, privilège qui autorisait le titre de théâtre du Palais-Royal, la question d'argent n'était plus qu'une question secondaire ; elle fut tranchée par l'un des directeurs du Gymnase qui mit courageusement quatre-vingt-dix mille francs dans l'affaire, à la condition, cependant, que son frère, Charles Poirson, serait co-directeur.

Une société de cent vingt actions fut formée ; le directeur du Gymnase en prit, pour sa part, quatre-vingt-dix, les trente autres appartinrent, à titre gratuit, aux deux gérants.

Tout n'était pas fini.

Il fallut, bien que l'on n'eut permis que de simples réparations, consolider le gros mur qui soutenait le théâtre et s'occuper d'agrandissements qui ne pouvaient s'obtenir qu'au moyen d'encorbellements; tout cela se fit grâce à des prodiges de prudence et d'habileté de la part de l'architecte qui, sous prétexte de ne pas entraver la circulation du côté de la rue, établit une clôture permettant d'entreprendre et de cacher les plus grands travaux.

Les directeurs des autres théâtres, qui s'étaient ligués pour empêcher la résurrection de la salle Montansier, après avoir vainement essayé de faire révoquer le nouveau privilège, mirent tout en œuvre pour entraver une ouverture impatiemment attendue ; mais ils ne purent y réussir.

Le spectacle annoncé pour le 5 juin fut seulement remis au lendemain.

Il fut enfin permis ce jour-là, d'afficher d'une façon définitive :

Théâtre du Palais-Royal.

Aujourd'hui 6 Juin 1831
pour l'Ouverture :

ILS N'OUVRIRONT PAS !
Prologue mêlé de couplets,
joué par

MM. Dormeuil.	Mmes Tobi.
Verdier.	Baroyer.
Lepeintre aîné.	Elomire Lowendal.
Paul.	Déjazet.
Boutin.	Couturier.
Sainville.	Leclerc.
Gaston.	Elise Levasseur.
Allard.	Aglaë.
Beau.	Pernon.

L'Audience du Prince,
Comédie-Vaudeville en un acte,
joué par

MM. Dormeuil.   Mmes Déjazet.
Régnier.   Pernon.
Auguste.   Elise Levasseur

Le Frotteur
Comédie-Vaudeville en un acte,
joué par

MM. Dormeuil.   Mmes Théodore.
Dengremont.   Elomire Lowendal.
Beau.   Leclerc.
Paul.

Le prologue de Mélesville, Brazier et Bayard, trois auteurs qui avaient fait leurs preuves, obtint un grand succès.

Après le couplet au public, détaillé d'une façon charmante par Déjazet, les bravos éclatèrent dans toute la salle.

Ce couplet très anodin, était ainsi conçu :

    « Un premier pas est si glissant
    « Que nous tremblons d'avance ;
    « Chaque théâtre en commençant
    « A besoin d'indulgence :
    « Applaudissez au dénouement,
    « Pour que cela commence
        « Gaîment,
    « Pour que cela commence. »

Les deux autres pièces furent impitoyablement sifflées.

On crut à une cabale.

Grosse erreur !

« Ces comédies, dit Jules Janin (1), visaient à
« l'esprit du beau monde. Elles sentaient le salon
« d'une lieu. Elles avaient pour héroïnes des dames
« *comme il faut ;* des messieurs en gilet brodé. Elles
« ignoraient que le rire et la bêtise devaient être
« les seules ressources de ce joli petit théâtre et de
« cette troupe de bons plaisants. Hors du rire et
« de la bêtise, il n'y a pas de salut pour le théâtre
« du Palais-Royal. La bêtise, ah ! la bêtise ! Elle
« est la force, elle est l'esprit, elle est l'entrain,
« elle est le repos et le facile oubli des inquiétudes
« de chaque jour; c'est l'air qui nous rafraîchit,
« c'est le parfum qui nous recrée. O la déesse bien-
« faisante ! Elle nous sauve du musc, du sang et
« de l'ennui. »

« En résumé, ajoute l'éminent écrivain qui fut
« avec raison proclamé le prince de la critique, ce
« petit théâtre, s'il entend ses intérêts, s'il se sou-
« vient qu'il a commencé avec des marionnettes, et
« s'il sait donner à ses acteurs l'à-propos, le sel, la
« malice et le sans façon de ces marionnettes, s'il

(1) *Histoire de la Littérature dramatique,* par Jules Janin tome I, p. 423.

« a peur des robes de satin, des habits de petits
« maîtres et des drames pleureurs, deviendra avant
« peu un lieu charmant de réunion improvisée et
« de rendez-vous sans façon. »

On n'aurait pu mieux dire et surtout mieux prédire.

Il ne s'agissait plus que de suivre ces sages avis.

Coupart, à qui la direction avait, nous l'avons dit, de grandes obligations, fut nommé régisseur-général.

L'ancien chef du bureau des théâtres au Ministère de l'Intérieur, un des plus fervents disciples de la *Société de Momus* et qui n'avait jamais cessé d'être vaudevilliste, se retrouvait là sur son véritable terrain.

Il apporta dans ses nouvelles fonctions un zèle excessif.

Sainville, qui remplissait le modeste emploi de second régisseur, vint lui annoncer, pendant un entr'acte, qu'un artiste venait de tomber subitement malade et que la vie du pauvre diable était en danger. « Il n'a pas le droit de mourir, répond tran-
« quillement Coupart, il a encore un acte à jouer. »

Toute la troupe *donna* le jour de l'ouverture.

Nous en détachons les noms de Lepeintre aîné, Sainville, Boutin, Régnier et ceux de Mmes Tobi, Baroyer, Elomire, Déjazet et Pernon.

Entre tous ces noms qui méritent d'être particulièrement signalés, celui de Déjazet resplendit du plus vif éclat. Il ne sera que juste, au moment venu, de lui consacrer un chapitre spécial.

Quelques notes biographiques sur les autres artistes que nous venons de citer trouvent ici naturellement leur place.

Lepeintre aîné avait commencé par jouer les arlequins aux *Jeunes Artistes*.

Il quitta ce théâtre pour courir la province avec quelques-uns de ses camarades.

Désaugiers, qui s'était déjà fait jouer sur cette petite scène, et qui était devenu l'ami le plus intime de notre comédien, demanda à l'accompagner.

Il fut immédiatement admis dans la petite troupe comme acteur-auteur, chef d'orchestre au besoin.

Ils prirent la route de Marseille, légers d'argent, mais pleins d'espérance, donnant çà et là des représentations qui ne firent hélas que des recettes insignifiantes.

Ils arrivèrent à destination tellement désillusionnés qu'ils résolurent de se séparer. En ce moment suprême, Désaugiers, que sa gaîté n'abandonnait pas et à qui il ne restait plus qu'un sou, en acheta un petit pain et dit en le partageant avec son ami : « Veux-tu l'aile ou la cuisse ? »

Les pauvres diables s'improvisèrent chanteurs

ambulants et reprirent le chemin de Paris à l'exception de Lepeintre aîné qui vit, le cœur gros, partir ses camarades.

Il eut le courage de rester seul à Marseille sans autre perspective que celle d'y manger de la vache enragée.

Bien lui en prit; le directeur du théâtre de Bordeaux passant par là par hasard, comme le gendarme du *Hussard persécuté*, lui offrit un modeste engagement qu'il se hâta d'accepter.

C'est de Bordeaux, où il avait acquis une certaine célébrité, qu'il revint à Paris, en 1817, pour débuter aux Variétés.

Désaugiers, devenu directeur du Vaudeville, n'avait pas oublié son ancien ami ; il l'appela à son théâtre où de nombreuses et importantes créations ne tardèrent pas à assurer sa réputation.

Lepeintre aîné ne se contentait pas d'être un excellent comédien, c'était aussi le meilleur et le plus bienfaisant des hommes.

Un de ses frères, tombé dans une profonde misère et mis sur le pavé par des créanciers impitoyables, fut invité par lui à dîner ; il le conduisit dans un petit logement convenablement meublé et où tout avait été disposé pour en faire un séjour agréable.

Après le repas qui s'était prolongé assez tard et que l'amphitryon avait essayé de rendre le plus gai possible, il le quitta lui laissant pour adieu ces excellentes paroles : « Bonne nuit, frère, tout ceci « t'appartient et tu es ici chez toi ! »

Le brave artiste finit en 1854 par un suicide.

Il se jeta dans le canal Saint-Martin.

Il fut, assure-t-on, poussé à cet acte de désespoir par des chagrins domestiques.

Quelques heures avant d'accomplir son funeste dessein, il alla rembourser à Ambroise, l'artiste bien connu du Vaudeville, une centaine de francs que celui-ci lui avait obligeamment prêtés.

Sainville avait commencé par être commis-marchand.

Ses parents, qui se berçaient du doux espoir de le voir un jour à la tête d'un commerce florissant, lui firent apprendre la tenue des livres.

L'apprenti négociant ne répondit pas à leur attente.

Au lieu de s'exercer sur les comptes-courants et d'écrire des factures, il copiait les rôles qu'il devait jouer chez maître Caron.

C'était un tapissier de la rue Saint-Antoine, qui avait établi un théâtre au-dessus de son magasin et chez qui s'exerçaient tous les dimanches les amateurs du quartier.

Le jeune Sainville fredonnait du matin au soir.

C'était d'un si mauvais exemple pour les autres commis que son patron, un homme à cheval sur les bons principes, le pria, un beau jour, d'aller chantonner ailleurs.

Sa famille, au désespoir, l'envoya à Bordeaux ; elle pensait qu'il suffirait de lui faire changer d'air pour le soustraire à de mauvaises influences, à ce qu'elle appelait sa turlutaine.

Il n'en fut rien.

Son nouveau patron, un honorable courtier de commerce, sur le ventre duquel il se permit de taper un jour en s'écriant :

« Soyons amis, Cinna, c'est moi qui t'en convie » le flanqua également à la porte.

C'est ce que demandait Sainville.

Il suivit une troupe nomade qui allait donner des représentations dans les environs de Bordeaux.

Il fut applaudi à Langon, à Bazas et même à Libourne.

Une fois sûr de lui, il revint à Paris où les frères Seveste, cette providence des acteurs aux abois, l'engagèrent pour le théâtre Montparnasse.

C'est là que Dormeuil alla le chercher.

Une gaîté communicative, une rondeur peu commune, un jeu franc et ouvert lui valurent dès ses débuts les bonnes grâces du public.

Les Enfants du delire, la Servante du Curé, le Tigre,

du Bengale, le Bourreau des crânes, le firent surtout remarquer et assurèrent sa réputation.

Boutin était un enfant de Belleville.

Il y naquit lorsque « le siècle avait deux ans », non loin du cabaret du Pot-Cassé et des fameuses guinguettes ou le carnaval exhalait chaque année son dernier soupir et où s'organisaient les grandes mascarades que tout Paris, le lendemain du mardi-gras, venait voir descendre de la Courtille.

A cette époque, déjà loin de nous, Belleville vulgairement appelé la Courtille, était surtout hanté par des comédiens.

Ils y trouvaient la vie à bon marché, le *victum* et le *vestitum* que promettait Saint-Paul à ses disciples.

Les tables d'hôte à un franc vingt-cinq, avec trois plats, une salade, un dessert et un litre de vin par tête, y pullulaient.

Elles étaient envahies par des gens de théâtre et principalement par les acteurs du boulevard du Temple, légion innombrable, issue en droite ligne des enfants sans-souci, et dont les meilleurs soldats ne touchaient pas alors en moyenne plus de cent francs par mois.

Boutin, dont on avait essayé de faire un ouvrier ciseleur, et qui habitait au-dessus d'une de ces tables d'hôte, partagea plus d'une fois le copieux repas des artistes.

C'est dans leur société qu'il puisa la passion du théâtre et ce fonds de joyeuse humeur qui ne l'abandonna jamais.

Un beau jour, n'y tenant plus, il s'esquiva de son atelier et alla demander un rôle à Doyen, dont le théâtre d'amateurs était alors en pleine vogue.

Il y joua un dimanche avec une salle comble et fut chaleureusement applaudi.

Ces applaudissements équivalaient, en ce temps-là, à un brevet de capacité ; ceux qui les obtenaient pouvaient voler de leurs propres ailes.

Fort de ces encouragements, Boutin parcourut la province.

Il en revint capable d'aborder nos plus grandes scènes ; il passa cependant par les plus petites avant d'entrer au Palais-Royal.

Les quelques années qu'il y resta développèrent son talent, talent plein d'originalité qui devait, plus tard, briller du plus vif éclat dans le drame.

Plusieurs créations importantes à l'Ambigu et à la Porte-Saint-Martin : notamment le rôle de Caderousse dans le drame de *Monte-Cristo*, le classèrent parmi les meilleurs artistes de notre temps.

Boutin qui fut un grand comédien naquit sauveteur.

Il a tiré de l'eau et sauvé d'une mort certaine, et au péril de ses jours, onze personnes.

Cette passion du sauvetage, cet instinct du terre-neuve, le faisaient souvent errer la nuit, après le spectacle, sur les bords du canal Saint-Martin.

Il aperçut un soir un monsieur fort bien mis, à la démarche vague et incertaine, qui lui paraissait chercher l'endroit le plus propre à en finir avec la vie.

Boutin, sans hésiter, bondit sur le malheureux, le saisit à bras le corps et l'enlève pour l'éloigner du bord.

L'individu qui croit avoir affaire à un assassin, appelle au secours, en poussant des cris terribles, des cris de désespéré.

Les sergents de ville accourent.

On s'explique.

Le brave sauveteur avait simplement empêché une action passible du tribunal de simple police :

« *Il est défendu de faire ou de déposer des ordures le long du canal Saint-Martin.* »

Boutin mourut avec le regret de n'avoir pu accomplir son douzième sauvetage.

Régnier (dont le prénom était Philoclès « ami de la gloire ») ne fit pas un long séjour à notre théâtre.

Sa mère, Mme Tousez, née Régnier de la Brière,

qui jouait au Théâtre-Français l'emploi des duègnes lui ouvrit les portes de la maison de Molière.

Charles Maurice rend compte ainsi de ses débuts (1) :

« Régnier, l'acteur du Palais-Royal, qui n'y a pas
« beaucoup paru depuis les deux premières pièces
« d'ouverture a résilié son engagement pour offrir
« ses services à un théâtre plus élevé. Il débute ce
« soir sur celui qui possède depuis longtemps sa
« mère. C'est par le rôle de Figaro du *Mariage* qu'il va
« essayer de s'y impatroniser. La ressemblance de
« la pièce y gagnera d'abord quelque chose : quand
« le spirituel valet sera reconnu pour fils de Marce-
« line, personne ne s'avisera de dire le contraire. »

Il resta rue Richelieu jusqu'au 11 avril 1872, c'est-à-dire plus de 40 ans, pendant lesquels il joua, assure-t-on, deux cent cinquante et un rôles.

« C'était, dit Francisque Sarcey, le dernier de ce
« trio de comédiens éminents qui ont charmé notre
« jeunesse : Samson, Provost et lui. Tous trois ont
« eu cet honneur de garder avec un soin jaloux les
« vieilles traditions de respect pour le grand art
« qui ont maintenu si haut l'honneur de la Comédie-
« Française. »

Sa place était marquée au Conservatoire en qualité de professeur.

Il y fut appelé en 1851.

(1) *Courrier des Théâtres* du 6 novembre 1831.

Il devint plus tard directeur général des études à l'Académie nationale de musique.

C'est dans ces délicates et difficiles fonctions que la mort l'a surpris à l'âge de soixante-dix-huit ans.

C'était un lettré.

Il a collaboré, assure-t-on, à deux des meilleures comédies du Théâtre-Français : *Mademoiselle de la Seiglière* et *la Joie fait peur*.

On raconte sur lui une anecdote qui donne une grande idée de son intelligence et de sa présence d'esprit.

Il jouait avec Beauvallet et il était en scène quand celui-ci, qui remplissait le personnage d'un médecin, manque son entrée.

Régnier remonte sur le fond et, sans se déconcerter, continue son monologue, tandis que son œil anxieux interroge la coulisse.

« Tiens ! voilà le docteur, dit-il, Dieu ! qu'il marche lentement !... Bon !... il salue une dame. Elle s'arrête... Il cause !... Ah ! coquin de docteur, va, Allons bon ! c'est un monsieur qui lui demande du feu !... Comment ! il cause encore ! Il connaît donc tout le pays, ce docteur ! Enfin, le voilà ! il arrive... »

Et Beauvallet entre, mais par le côté opposé. Régnier, toujours calme, avec son à-propos habituel, lui jette avec sang-froid cette saillie, qui sauvait le ridicule de la situation :

« Ah çà ! docteur, je viens de vous voir par là ! Vous avez donc fait le tour de la pelouse ? »

Le public n'y vit que du feu.

Mmes Tobi et Elomire avaient, comme Lepeintre aîné, fait leurs premiers débuts au théâtre des jeunes Artistes.

La première, qu'on appelait alors Rosette, s'y était fait remarquer par sa voix enchanteresse.

La deuxième par ses formes plantureuses et une inépuisable gaîté.

Celle-ci que Brazier appelle « la rieuse Élomire » excellait dans les rôles de paysannes et de soubrettes.

C'est elle, assure-t-il, que Désaugiers avait en vue quand il écrivit son amusant vaudeville du *Diner de Madelon*. Elle avait été pensionnaire de la Montansier en même temps que Mme Baroyer que nous retrouvons ici et qui devint, nous dit encore Brazier, « une des premières duègnes de la capitale. »

Mlle Pernon était une toute jolie personne qui se montra le premier jour suffisamment comédienne pour être acclamée.

Les anciens habitués du Palais-Royal, qui eurent souvent occasion de l'applaudir, même à côté de Déjazet, n'ont pas oublié sa grâce exquise et sa charmante physionomie.

CHAPITRE II

Débuts de Samson. — Rachel jugée par Provost. — Jenny Colon et son fils. — Débuts de Derval. — Un souvenir de Juillet. — Les chansons de Béranger. — Débuts de Boutin — de Lhéritier — de Palaiseau. — Dumersan, conservateur des médailles. — Débuts de Philippe. — Santeuil ou le Chanoine au cabaret. — Théaulon. — Choquart. — Les frères Dartois. — Débuts de Potier.

Les deux pièces sifflées disparurent promptement de l'affiche.

L'activité vertigineuse de Dormeuil, le zèle de la jeune et vaillante troupe enfantèrent des prodiges.

Six vaudevilles nouveaux firent leur apparition en moins d'un mois :

Voltaire à Francfort ; la Carte à payer ; les Cancans ; l'École et le Château ; la Présidente et l'Abbé ; enfin *le Salon de* 1831.

Toutes ces pièces furent jouées du 8 au 30 juin.

La Présidente et l'Abbé, vaudeville de Dupin et Sauvage, mérite surtout d'être signalé.

Samson y fit ses débuts dans le rôle de l'Abbé.

La pièce était médiocre et ne se soutint quelque temps que grâce à l'éminent comédien.

Le Philtre champenois, de Mélesville et Brazier, et *Rabelais ou le Curé de Meudon*, de Leuven et de Livry, qui furent joués peu de temps après, firent encore mieux ressortir le talent du futur sociétaire de la Comédie-Française, de celui qui devait s'illustrer à tant de titres.

On lui doit un poème sur l'art dramatique très estimé et entr'autres pièces : *la Famille Poisson*, un petit chef-d'œuvre.

Rachel, notre grande tragédienne, quoiqu'en dise M. Arsène Houssaye, dans ses confessions fantaisistes, s'honorait d'être l'élève de Samson.

On sait que Michelot, son professeur au Conservatoire, avait si peu de confiance dans le talent de la célèbre artiste, qu'il lui refusa son patronage quand elle se présenta à la Comédie-Française ; que Vedel, le directeur d'alors, ne daigna pas même la recevoir et que le comédien Provost, la toisant des pieds à la tête, lui dit : « Vous n'êtes pas taillée « pour la scène, ma chère, allez sur le boulevard et « vendez des bouquets. »

Abandonnée de tous elle alla frapper à la porte

de Samson qui s'écria après l'avoir écoutée avec bienveillance :

« Bonté divine ! avec un pareil organe on doit « accomplir des miracles. »

Et les miracles furent accomplis grâce aux leçons que ne cessa de lui donner un pareil maître !

Jenny Colon, qui assistait avec son petit garçon à la première représentation de *la Présidente et l'Abbé*, fut rencontrée par Dupin qui, caressant le jeune enfant, crut se montrer très aimable en disant : « Voilà un vaudevilliste en herbe. »

« — Oh ! non, répliqua vivement la charmante « actrice, je lui fais donner trop d'éducation pour « cela, nous en ferons un notaire. »

Nous serions curieux de savoir si les vœux de l'excellente mère se sont réalisés et si ce petit bonhomme, qui avait alors cinq ou six ans et qui doit aujourd'hui toucher à la soixantaine, a réellement fait partie du corps respectable des tabellions.

On reprit, le 11 juillet 1831, pour Déjazet, un vaudeville du Gymnase : *les Grisettes*, de Scribe et Dupin, et on donna le même jour, pour les débuts de Derval, *le Guérillas*, vaudeville en un acte de Leuven et de Forges.

Ce dernier, qu'il ne faut pas confondre avec Desforges, l'auteur du *Sourd et l'Auberge pleine*, devait attacher plus tard son nom à de nombreux succès. Il était alors employé au Ministère de la guerre dont il devint un des hauts fonctionnaires.

Cette administration fut une pépinière d'auteurs dramatiques. Théaulon y fit ses premières armes ; c'est dans un de ses bureaux les plus enfumés que Théodore Barrière ébaucha ses premières pièces et c'est aussi sur le papier à entête de cette administration que François Coppée composa le Passant et la Grève des Forgerons.

C'est de là également que partit notre premier vaudeville.

Nous avions pour directeur le général Daumas, chargé des affaires de l'Algérie. Il était alors question de diviser en départements notre grande colonie. On cherchait des noms : les départements de l'Atlas, du Tel, de la Mitidja, du Sahara, du Rhummel, de la Tafna et d'autres encore avaient été mis en avant et ne contentaient pas le général qui nous fit l'honneur de demander notre avis. Pourquoi ne pas donner aux départements les noms des provinces, répondîmes-nous aussitôt et créer les départements d'Alger, d'Oran et de Constantine ? « Nous n'y avions pas songé et cependant rien n'est plus simple », reprit le général Daumas. Il fit aussitôt expédier un projet de décret qui fut approuvé par le chef de l'État, et ce fut à un simple vaudevilliste que l'Algérie dut les noms de ses trois départements.

Derval, qui n'était entré que provisoirement au Palais-Royal et seulement pour rendre service à son ami Dormeuil, qui demandait un jeune premier à tous les échos d'alentour, y resta vingt-sept ans.

Il y a créé cent cinquante rôles dans lesquels il se fit toujours remarquer par une grande distinction.

De haute taille et de fière mine, il a été le type du jeune premier, du beau cavalier et de l'homme du monde accompli.

On a joué les « Derval. »

Ce n'était là qu'un pseudonyme.

D'Obigny de Ferrière, dit Derval, débuta dans la carrière administrative et fut attaché au Ministère de la guerre en même temps que son ami de Forges.

Il aurait pu, grâce à la protection de deux oncles dont l'un était général et l'autre capitaine de vaisseau, aspirer à de hautes fonctions, mais il n'eut d'autre ambition que de devenir acteur.

« Que voulez-vous, j'avais la vocation, » disait-il pour s'excuser de n'avoir pas voulu courir la chance de devenir chef de division ou même peut-être conseiller d'État.

Son origine aristocratique lui donnait facilement

accès dans quelques salons du faubourg Saint-Germain ; il choisit de préférence ceux où on jouait la comédie.

Il négligeait, pour paraître avec éclat dans ces soirées dramatiques, son travail de bureau ; aussi fut-il mis en demeure par son chef, M. Martineau des Chenets, de choisir entre le théâtre et l'administration.

Derval n'hésita pas.

Il opta pour le théâtre et débuta le 1er mars 1825, avec un certain succès, au Vaudeville, situé alors rue de Chartres.

Il entra peu de temps après aux Nouveautés.

Un rôle de calicot prétentieux qu'il joua dans une pièce de Théaulon, intitulée : *Un bal champêtre au cinquième étage*, ameuta contre lui le personnel fort irascible alors des commis en nouveautés.

Ils envahirent le théâtre et lui auraient fait un mauvais parti sans l'intervention de la police.

Le péril qu'il avait couru tenait une grande place dans sa vie d'artiste ; il racontait les épisodes de cette *terrible* journée, avec autant de plaisir qu'il en avait à rappeler d'anciens succès.

Après une représentation de *la Savonnette impériale*, donnée devant l'Empereur, celui-ci le fit appeler et lui dit, en le gratifiant d'une épingle en diamants : « Monsieur Derval vous m'avez ému

« comme je ne l'ai jamais été au théâtre, veuillez
« garder ceci en souvenir de moi. »

Derval entra en 1858 au théâtre du Gymnase.

Le rôle du père, dans *le Fils naturel*, d'Alexandre Dumas fils, qu'il y créa, fut le plus grand succès de sa longue carrière dramatique.

Nous ne devons pas oublier qu'il fut l'un des plus zélés auxiliaires du baron Taylor et que l'association des artistes dramatiques place, dans sa reconnaissance, le nom de Derval à côté de celui de son illustre fondateur.

Il mourut à quatre-vingt-trois ans, le 23 janvier 1885.

Un Souvenir de Juillet, épisode de la Révolution de 1830, en un acte et en vers, d'Amédée Touret et Decourt, fut joué le 28 juillet 1831, anniversaire de l'une des trois glorieuses journées.

Il fallait flatter le pouvoir dont on tenait le privilège, et la direction risqua des alexandrins qui firent fort piteuse mine sur cette scène du rire et de la folle gaieté.

Le 1er août on reprit le vaudeville de *Préville et Taconet*, précédemment joué aux Variétés.

Boutin fut chargé du rôle de Taconet et rappela Tiercelin, qui y avait été jugé inimitable.

Merle, dont il a été déjà parlé, et qui signa avec Brazier cet amusant vaudeville, était un érudit de premier ordre. Il fut longtemps chargé du feuilleton dramatique du journal La Quotidienne, et passa pour le critique le plus influent de son époque. Ses justes appréciations avaient force de loi et ceux-là même qu'il prenait à partie lui savaient gré de ses critiques sans hostilité et qui tournaient le plus souvent à leur profit. Ses mots spirituels faisaient l'amusement du tout-Paris d'alors.

« On accuse les Parisiens d'être insouciants et « légers, dit-il, quelque temps après l'avènement de « Louis-Philippe, ils savent cependant se garder « une poire pour la soif. » On sait que les caricaturistes du temps avaient transformé en une poire l'auguste figure du chef de l'État.

Le 3 août 1831, les Chansons de Béranger, vaudeville en un acte et plusieurs tableaux, de Ferdinand Langlé, Vanderburch et de Forges, destiné à faire ressortir le talent multiple de Déjazet, obtinrent un grand succès.

Le 8 septembre, débutaient dans le Coin de rue, un acte de Brazier et Dumersan, également emprunté au répertoire des Variétés, Lhéritier et Palaiseau.

Ce dernier, qui devint un des acteurs les plus en vogue des Folies-Dramatiques, ne fit qu'une courte apparition au théâtre du Palais-Royal.

Lhéritier, au contraire, devait y prendre racine

et y poursuivre sans interruption la plus longue carrière.

Thomas, Romain, dit Lhéritier, naquit en 1807, à Neuilly-sur-Seine.

Il fit ses études au Collège Bourbon, qui fut tour à tour Lycée Bonaparte, Lycée Fontanes et qui porte aujourd'hui et jusqu'à nouvel ordre le nom de Lycée Condorcet.

Il subit sans aucun succès, ainsi que la majorité des hommes d'esprit de son époque, les épreuves ridicules du baccalauréat et il entra, à dix-huit ans, dans une maison de banque.

Après y avoir vu jouer quelque temps les *financiers* d'après nature, il en eut grandement assez.

Il avait instinctivement le goût du théâtre et il alla directement de chez son banquier, et sans perdre un instant, demander ses débuts à la salle Chantereine.

Il passa de ce théâtre de société à celui de Doyen, situé alors rue Transnonain.

Le nombre des grands artistes qui commencèrent sur cette petite scène est incalculable, dit Brazier.

Il nous suffira de dire que Lhéritier s'y rencontra avec Ligier, Bocage, Beauvallet, Bouffé, Arnal, et avec Mmes Brohan et Paradol.

C'est chez Doyen que le vit jouer Dormeuil.

Il s'en suivit un engagement qui se prolongea, sans interruption, plus d'un demi-siècle.

C'est là un fait unique dans les annales dramatiques.

Aussi le théâtre voulut-il fêter le cinquantième anniversaire de son entrée sur la scène du Palais-Royal par une fête tout intime, fête joyeuse s'il en fut, et dans laquelle, plus d'une fois, l'excellent artiste ne put s'empêcher de verser des larmes d'attendrissement.

Cela eut lieu le 15 octobre 1881. Il y eut souper et bal.

Après des couplets de circonstance finement détaillés par Céline Chaumont et dans lesquels l'auteur, René Luguet, avait spirituellement rappelé que Lhéritier avait joué dans trois cent soixante-deux pièces, on lui offrit un joli groupe de *Mène* que surmontait un immense bouquet.

Les noms des donateurs, gravés sur le socle, rendaient ce présent d'une valeur inestimable pour Lhéritier.

Il avait de l'érudition ; mais il n'en tirait aucune vanité.

Rien ne l'agaçait plus, cependant, que les fautes de français commises par certains comédiens qui ne peuvent s'empêcher d'ajouter à leurs rôles.

Ses plaisanteries étaient toujours prises en bonne

part; ceux qu'elles atteignaient en riaient tous les premiers.

« Tu dois beaucoup à la nature, dit-il un jour à
« son camarade Hyacinthe, ton nez est une rude
« avance qu'elle t'a faite. »

Il s'était retiré à Batignolles dans un charmant petit pavillon de la rue des Dames.

« C'était un logis aimable et gai que celui du vieil
« artiste à la retraite, dit Jules Claretie. Une vigne
« courait le long des fenêtres et des grappes, trois
« ou quatre grappes de raisin, pendaient aux
« pampres cuivrés.

« Une fois par an, Lhéritier se livrait dans cette
« oasis à une grave et solennelle occupation: l'ad-
« mirable artiste qui nous a tant divertis dans
« *la Cagnotte, le Réveillon, la Grammaire, Célimare le
« bien-aimé*, prenait ses ciseaux et, en quatre coups,
« faisait ses vendanges.

« Cette petite maison où grimpait la vigne, où
« les feuilles d'automne pleuvaient dans le jardi-
« net, ajoute le charmant écrivain, me parut habi-
« tée par un de ces beaux vieillards que peignait
« Greuze. »

C'est là qu'il vient de s'éteindre regretté de tous.

Dumersan, l'un des auteurs du vaudeville qui servit de début à Lhéritier et qui écrivit en collaboration avec Varin la fameuse pièce des *Saltim-*

banques, passait pour un de nos plus savants numismates et avait obtenu, à ce titre, la direction du Cabinet des médailles. Ce cabinet fut en partie dévalisé le jour de la première représentation d'une pièce de son directeur. Les voleurs furent arrêtés et passèrent devant la justice. Dumersan, interrogé sur son état par le président, répondit naïvement : « *Conservateur* des médailles. » Un immense éclat de rire retentit dans la salle d'audience et gagna les voleurs et les jurés eux-mêmes. Ceux-ci mis, dès ce moment, en joyeuse humeur, accordèrent des circonstances atténuantes aux accusés.

Le 17 décembre 1831 on reprenait, pour les débuts de Philippe, *Jovial ou l'Huissier chansonnier*, de Théaulon et Choquart, vaudeville en un acte qui avait été précédemment joué aux Nouveautés.

Roustan, Philippe-François, dit Philippe, avait été apprenti chez son père, célèbre coiffeur pour dames.

Il s'échappa de la boutique paternelle pour suivre des saltimbanques.

Par quelle succession d'aventures figura-t-il un jour sur les cadres du personnel du Vaudeville? On l'ignore.

Il n'y tint pas moins à ce théâtre une bonne place et s'y fit remarquer.

Il avait une face de Roger-Bontemps, le visage

constamment épanoui, mais ses camarades assuraient qu'il n'avait que l'extérieur du bonhomme.

Mlle Volnais de la Comédie-Française, femme de talent et d'excellent ton, qui l'épousa sur sa bonne mine, éprouva de cruels mécomptes et ne fut pas à l'abri des grossièretés de l'ancien garçon coiffeur.

Il connaissait tous les tours de gobelets et maniait les cartes avec la plus grande dextérité.

Ses talents de prestidigitateur lui servirent plus d'une fois à gagner au jeu.

Dans une soirée que donna sa femme, il proposa une partie d'écarté qui fut acceptée.

L'enjeu était de vingt francs et il passa seize fois de suite.

Hâtons-nous d'abandonner l'homme privé et revenons à l'artiste.

On reprit pour lui *Madame Angot ou la Poissarde parvenue*, vaudeville en deux actes de Maillot, et il créa dans *Santeuil ou le Chanoine au cabaret*, un acte de Brazier, Livry et Villeneuve, le rôle du fameux poète.

> « A voir de quel air effroyable,
> « Roulant les yeux, tordant les mains,
> « Santeuil nous lit ses hymnes vains,
> « Dirait-on pas que c'est le diable,
> « Que Dieu force à louer les saints? »

Si l'on s'en rapporte à cette épigramme de Boileau, qui fait de Santeuil une sorte de décarcassé, et au *Santoliana*, qui le dépeint avec les joues creuses et assez efflanqué, il est clair que le gros Philippe était peu taillé pour jouer cet illustre personnage ; aussi n'obtint-il qu'un succès médiocre dans ce rôle.

Théaulon et Choquart créèrent pour lui le type de Jovial, auquel il s'était en quelque sorte identifié.

Pour un rôle nouveau qu'il se refusa obstinément à jouer au théâtre des Nouveautés, il fut condamné à payer à Langlois, son directeur, la somme de cent mille francs pour laquelle ce dernier obtint prise de corps immédiate.

L'artiste fut aussitôt écroué à la prison de Sainte-Pélagie.

Vingt-quatre heures s'étaient à peine écoulées que le directeur, *accablé de remords*, alla délivrer son pensionnaire indispensable.

Ces vingt-quatre heures avaient suffi à Théaulon pour composer *Jovial en prison*, deux actes qui furent joués quelques jours après avec succès.

Théaulon travaillait avec une facilité prodigieuse.

Il a attaché son nom à plus de deux cent cinquante pièces.

Quelques-unes ont une valeur réelle.

On revoit toujours avec plaisir *le Bénéficiaire*, *le Père de la débutante*, *la Comtesse du tonneau* et bien d'autres encore.

Il était, dans une sphère plus relevée cependant, de l'école des Dufresny, des Aude, des Dorvigny, avec lesquels il avait plus d'un point de ressemblance.

Il établit, comme ceux-ci, plus d'un scénario au bruit des carambolages et des dominos.

Quand il n'était pas chez lui, ses collaborateurs étaient toujours certains de le rencontrer au Café de la Rotonde, travaillant dans quelque coin, sans se mettre aucunement en peine de la conversation et du bruit des consommateurs.

Avec des droits d'auteurs qui auraient pu lui constituer de fort bonnes rentes, il ne put jamais parvenir à joindre les deux bouts.

Les huissiers lui rendaient journellement visite.

Un de ces officiers ministériels vint pour le saisir, un jour qu'il traçait, avec un de ses collaborateurs le plan d'une pièce.

« On ne peut pas travailler ici, y être un instant
« tranquilles, se contenta-t-il de dire; allons au
« café ! »

Et ils sortirent, laissant l'homme de loi instrumenter tout à son aise.

Il vendit plus d'une fois des pièces qui eurent du succès et qui rapportèrent des droits énormes.

Entre deux vaudevilles, il n'était pas rare qu'il fût poursuivi par une idée bizarre qu'il mettait fort souvent à exécution.

Ne s'avisa-t-il pas, un beau jour, de vouloir faire éclore des poulets par incubation !

Il loua pour cela un hangar dans le faubourg Saint-Honoré, y fit adapter un four qu'il chauffa au degré voulu avec toutes les indications de la science et au bout de vingt jours, terme nécessaire, il alla se rendre compte de l'opération ; mais, hélas ! au lieu des poulets qu'il attendait, il ne récolta que des œufs durs.

L'expérience avait complètement raté.

C'est, assure-t-on, depuis cet incident, depuis l'établissement du four de Théaulon, que, dans le monde du théâtre, on dit qu'une pièce a fait four quand elle n'a pas réussi.

Théaulon a encore enrichi d'un autre mot la langue théâtrale.

Il avait toujours quelque ouvrage en portefeuille et il avait pris l'habitude de dire aux directeurs, qui étaient à la recherche d'une pièce, ce que La-Gingeole dit à Schahabaham dans *l'Ours et le Pacha :* « Prenez mon ours ! »

Le mot est resté.

Les auteurs l'ont depuis appliqué aux mauvaises pièces qui dorment dans leurs cartons et dont ils ont de la peine à tirer parti.

Malgré bien des travers qui, en somme, n'atteignaient que lui, Théaulon, dont la probité ne fut jamais mise en doute, était aimé et estimé de tous.

Il fut, à sa mort, universellement regretté.

Choquart, qui signa avec Théaulon la pièce de *Jovial ou l'Huissier chansonnier*, était un bravache toujours prêt à mettre flamberge au vent.

Tout Paris le connaissait et riait de ses rodomontades qui ne faisaient jamais de mal à personne.

Il avait été garde du corps de Sa Majesté Louis XVIII et avait eu la bonne fortune de fixer l'attention de la duchesse d'Angoulême, qui paya plus d'une fois ses dettes.

Une ode à Charles X lui valut une tabatière en or enrichie de diamants.

Les pierres précieuses ne tardèrent pas à être remplacées par du strass.

Les trois frères Dartois, Armand, Théodore et Achille, qui servirent aussi dans les gardes du corps, collaborèrent tour à tour avec Théaulon ; ils étaient ardents royalistes et fêtèrent, à la restauration, dans des vaudevilles impromptus qui firent quelque bruit, le retour du roi légitime.

Cela ne les empêchait pas, gentilshommes modestes, de négliger, en signant leur nom, l'apostrophe qui attestait l'aristocratie de leur race.

Par une singulière anomalie, le petit-fils de l'un d'eux, un vrai démocrate, n'a garde d'oublier le signe en question.

Les pièces de ce dernier sont signées : Armand d'Artois.

Du 24 septembre au 19 novembre 1831, on joua sept pièces nouvelles : *les Deux mondes; Louis XV; le Caprice impérial; les Jeunes bonnes et les vieux garçons; la Fille unique; les Bouillons à domicile* et enfin la farce de *l'Avocat Pathelin* mise en vaudeville par de Forges et de Leuven.

Samson joua Pathelin.

Ce fut, croyons-nous, sa dernière création au théâtre du Palais-Royal.

Le 10 décembre avaient lieu dans *l'Enfance de Louis XII*, de Mélesville, Simonin et Nézel, les débuts de Potier.

Déjazet remplissait dans cette pièce le rôle du duc d'Orléans et Potier celui du comte de Dammartin.

On reprit successivement pour le grand artiste : *le Tailleur de Jean-Jacques Rousseau*, de Rougemont, Merle et Simonin ; *le Ci-devant jeune homme*, de Merle et Brazier et *le Bénéficiaire*, de Théaulon.

Nous devons quelques lignes biographiques à celui que Talma regardait comme le plus grand comédien de son temps.

Potier des Cailletières, Charles-Gabriel, naquit à Paris le 23 octobre 1774.

Il était allié aux Potier de Gèvres et de Grand-ménil.

Sa noble famille, une des plus illustres dans la robe, le destina à l'état militaire pour lequel il n'éprouvait aucun enthousiasme.

Il n'en fut pas moins réquisitionné à son heure par la Révolution qui en fit un fantassin malgré lui.

Libéré en 1796, il revint à Paris.

Sa famille, ruinée par les événements, et en partie dispersée, ne fut plus en état d'opposer une digue au penchant qu'il avait déjà montré avant d'endosser l'habit de soldat et qui l'entraînait irrésistiblement vers le théâtre.

Il put dès lors s'essayer sur les petites scènes.

Un directeur de province l'ayant vu jouer, l'engagea sur le coup et l'emmena avec lui.

Rennes, Orléans, Nantes et Bordeaux le possédèrent successivement.

Ses succès dans cette dernière ville, firent du bruit et lui valurent un engagement aux Variétés où il débuta le 8 mai 1809.

Le public trouva qu'il avait la voix rauque, caverneuse, que son débit était lent, froid et monotone ; on le siffla...

« J'en suis fâché, dit-il en riant, mais les Pari-
« siens me prendront comme je suis ou je repren-
« drai le chemin de la province. »

Il persista dans sa manière de jouer, qui était la

bonne, et on finit par s'apercevoir qu'il y avait chez lui autre chose que l'acteur de convention et que c'était toujours avec un art profond qu'il composait ses moindres rôles.

Il sut trouver dans de simples ébauches, dans des pièces souvent mal écrites, les éléments, dont se compose la bonne comédie.

Le Ci-devant jeune homme, *le Bourgmestre de Saardam*, *le Conscrit*, *Werther*, *le Centenaire* et bien d'autres types encore, firent ressortir son immense talent.

« Potier, nous dit Brazier, était continuellement
« en scène ; ses yeux parlaient, ses bras parlaient
« et l'on devinait ce qu'il ne voulait pas ou ne pou-
« vait pas dire. »

« Il sut allier, dit à son tour Charles Maurice,
« l'esprit au naturel, le goût à la caricature et
« passer, tour à tour, de la charge à la vérité, du
« comique au sentiment, avec une souplesse qui le
« disputait à la perfection... Il vivra dans les tra-
« ditions théâtrales qui attesteront la puissance de
« son beau talent. »

Potier quitta les Variétés pour la Porte-Saint-Martin.

Le rôle du père Sournois, qu'il y créa dans *les Petites Danaïdes*, de Désaugiers et Gentil, est resté légendaire.

Il mourut le 19 mai 1838, à l'âge de soixante-quatre ans, dans sa campagne de Fontenay-sous-Bois, non loin de la maison qu'avait habitée Dalayrac.

Potier laissa deux fils.

Le plus jeune fut un musicien de talent.

L'aîné, Charles Potier, qui se destina au théâtre, fut aussi un excellent comédien.

Le souvenir du père, qui était loin d'être effacé, amenait malheureusement des comparaisons qui tournaient trop souvent au désavantage du fils.

Celui-ci avait de l'érudition et aurait pu viser à a haute littérature ; mais il se contenta d'écrire une centaine de vaudevilles et d'exceller dans un genre éphémère qui ne comporte que de l'esprit.

Ses revues de fin d'année, qu'il écrivait avec la collaboration de Guénée, avaient toujours du succès et le rendirent populaire à l'ancien boulevard du Temple.

Il doit exister de par le monde un fils de Charles Potier.

Ce fils qui porte aussi, croyons-nous, le prénom de Charles, naquit pendant, qu'avec l'auteur de ses jours, nous cherchions le dénouement d'une pièce de carnaval reçue aux Folies-Dramatiques.

Nous ignorons ce qu'est devenu ce rejeton d'une

illustre famille ; mais nous ne serions pas étonné d'apprendre qu'il essaye ses forces sur quelque scène de province, en attendant l'occasion de débuter à Paris. Bon chien chasse de race.

CHAPITRE III

Débuts de Levassor. — La Chansonnette au Palais-Royal.
— Débuts d'Alcide Tousez.— *Un Scandale.* — *Les Quatre
âges du Palais-Royal.* — Débuts de Leménil. — *La
Salamandre.* — Débuts d'Achard, — de Mme Delille. —
Les Beignets à la Cour. — Mlle Emma. — Les frères
Cogniard. — Frétillon. — Débuts de Charlotte Dupuis. —
La Fiole de Cagliostro. — Édouard Brisebarre. — *Le
Porthos* d'Alexandre Dumas.

Pendant les six premiers mois de sa direction, Dormeuil n'avait fait que tâter le terrain.

Il avait pu se convaincre que l'ancienne salle Montansier était encore l'asile de la franche gaieté et que là, hors du rire, il ne pouvait y avoir de salut.

Il commença l'année 1832 par la reprise du *Ci-devant jeune homme.*

Potier y fut toujours trouvé aussi désopilant dans le rôle de Boissec, qu'il avait créé aux Variétés.

Il commande, dans cette pièce, un pantalon de tricot à son tailleur : « Je le veux bien collant, bien

« étroit, lui dit-il, et je vous avertis que si je puis
« y entrer, je ne le prends pas. »

Le 31 janvier avaient lieu dans *le Vagabond*, de Leuven, de Forges et de Livry, les débuts de Levassor, un des plus charmants acteurs de notre collection déjà si complète.

Il implanta et fit fleurir au Palais-Royal la chansonnette comique, la chansonnette avec *parlé*.

Chacun de ces opuscules, dits par lui, prenaient sur l'affiche une importance extraordinaire et avaient la valeur d'une pièce.

Le Postillon de Mam'Ablou, Titi à la représentation de Robert le Diable, le Père Trinquefort, Titi à la correctionnelle, etc., etc., firent pamer d'aise les habitués du Palais-Royal.

Cet acteur spirituel, ce chanteur original naquit à Fontainebleau.

Il était fils d'un capitaine du premier Empire qui le destina d'abord à l'état ecclésiastique.

Un air souffreteux et distingué, une face de carême, un sourire béat, qui lui donnaient quelque peu l'allure d'un tonsuré, firent croire au brave officier que l'Église réservait à son rejeton les plus hautes destinées.

Il se trompait étrangement.

Le jeune Levassor se mit un jour à faire chez lui du théâtre « sans le savoir. »

Les piaillements des enfants, les aboiements des chiens, les piétinements des chevaux, les cris des marchands des rues, les querelles des voisines, tout y passait, tout était reproduit avec une rare perfection.

Le père Levassor devina qu'il y avait là plutôt du comédien que du prêtre, aussi répondit-il simplement à son fils, qui osa un jour lui demander à être acteur : « Ainsi soit-il ! »

En attendant l'occasion de se produire, et comme il fallait avant tout gagner sa vie, Levassor entra comme commis dans un magasin de châles et de soieries. Il rechercha, pendant le stage qu'il y fit, à utiliser ses soirées dans les théâtres de société.

Les succès qu'il remporta chez Mme la duchesse d'Uzès, où il fut appelé à donner des représentations, le décidèrent à affronter les théâtres de la banlieue.

Il ne tarda pas à en sortir pour débuter aux Nouveautés.

Lorsque ce théâtre ferma ses portes, il entra au Palais-Royal.

Un art infini pour se grimer, une grande facilité d'imitation lui firent aborder plus d'un genre; il excella dans tous.

Il serait trop long de rappeler toutes les pièces qui lui durent leur succès; nous citerons seulement

Brelan de troupiers, vaudeville de Dumanoir et Étienne Arago, dans lequel il jouait un invalide centenaire, un troupier loustic, enfin un naïf tourlourou. Il fut inimitable dans ces trois rôles essentiellement distincts.

Le 18 mars 1832 avait lieu la première représentation de *Vert-Vert*, vaudeville en trois actes de de Forges et de Leuven.

Le poème de Gresset, mis en action, valut à Déjazet un de ses plus éclatants triomphes.

La pièce devint centenaire.

Une comédie en un acte : *Anna*, jouée le 26 mai, fut un pas en arrière.

Ancelot, qui en était l'auteur, et qui excellait dans le genre ennuyeux, s'était surpassé dans cette œuvre qui semblait « écrite avec de l'opium. »

La resplendissante beauté de Mlle Ida, qui débutait dans cette pièce, arrêta seule le public sur la pente des sifflets.

La froideur qu'il témoigna pour cette œuvre sentimentale fut encore un avertissement pour la direction.

« Décidément le public veut tout autre chose, » dit le même soir Dormeuil à son fidèle Coupart.

Et ils sortirent du théâtre, bras dessus, bras dessous, en fredonnant, avec une légère variante, ce couplet de leur ami Désaugiers :

> Tant que l'on aura des yeux
> Pour voir minois gracieux
> Taille fine et doux sourire,
> Il faut rire...
> Il faut rire
> Chez nous toujours rire.

Et ils se séparèrent en jurant de ne plus jouer que des pièces folâtres.

Le Conseil de révision, un acte étourdissant de gaieté de Brunswick, Barthélemy et Lhérie, fut joué le 4 août et obtint un très grand succès.

Une revue en un acte de Varner et Bayard : *Paris malade*, termina l'année 1832, année qui avait été éprouvée par le choléra.

Cette revue avait été précédée de la reprise de *Bonaparte à l'Ecole de Brienne*.

Déjazet, dans son rôle de Bonaparte, retrouvait au Palais-Royal le succès qu'elle avait précédemment obtenu aux Nouveautés.

Le 6 avril 1833 avaient lieu dans *Maclou ou le Valet de ferme*, vaudeville en un acte de Dumersan, Brazier et Dartois, les débuts d'Alcide Tousez.

Les vieux amateurs le comparaient au fameux Volange; ils retrouvaient dans le débutant leur *Janot* regretté.

Les hommes de quarante ans le comparaient à Brunet et retrouvaient leur excellent *Jocrisse*.

Les jeunes qui n'avaient vu ni Janot-Volange, ni Brunet-Jocrisse lui trouvaient la bêtise d'Odry.

Brazier le compare seulement à ce dernier et ajoute que c'est « un acteur indéchiffrable, un logo-« griphe vivant qu'il ne faut pas chercher à analy-« ser, mais qui ferait rire un quaker. »

Cela suffit pour le faire connaître à nos lecteurs et pour expliquer l'ovation qui lui fut faite le jour de ses débuts.

On joua, le 11 avril, *Sophie Arnould*, vaudeville en trois actes de Leuven, de Forges et Dumanoir. Déjazet obtint, sous les traits de la célèbre actrice, un de ses plus grands succès.

Sous Clé et *la Fille de Dominique*, qui suivirent à peu de distance, lui valurent de nouvelles ovations.

Le 22 juin on donna la première représentation de *Poète et Maçon*, vaudeville en un acte de Leuven, Roche et Davrecourt.

Dormeuil apparut dans cette pièce sous la figure sympathique de Sedaine et fut trouvé superbe.

Un scandale, un acte de Duvert et Lauzanne, joué le 13 janvier 1834, doit être particulièrement signalé.

Déjazet et Alcide Tousez, étincelants de verve et d'entrain, inauguraient, dans ce vaudeville, ce qu'en langage théâtral nous appellerons un nouveau truc.

Ils jouaient leur rôle dans la salle.

On a abusé depuis, et principalement dans les *revues*, de ce procédé qui, sans exiger de grands efforts d'imagination, produit, le plus souvent, les situations les plus comiques et les plus inattendues.

On ne peut écrire les noms de Duvert et Lauzanne, sans rappeler leur active et brillante collaboration. Arnal leur dut, en grande partie, sa réputation. C'est pour cet acteur qu'ils composèrent leurs plus joyeux vaudevilles. Ils collaboraient en famille. Lauzanne était le gendre de Duvert. Ce dernier, le plus enjoué dans le dialogue, était d'un tempérament bilieux et n'avait, par cela même, rien d'engageant ni dans la physionomie ni dans la conversation. C'est ce qui fit dire à Mürger qui parlait un jour de l'auteur de tant de pièces amusantes : « C'est un cercueil entouré de grelots. »

Les quatre âges du Palais-Royal, quatre actes de Théaulon et Chazet, furent représentés le 13 mars 1834.

On reprocha avec raison aux auteurs de n'avoir pas réservé, dans leur cadre épisodique, une plus large place à la Montansier. Elle n'y apparaissait que comme un simple accessoire et sous un type absolument effacé.

L'ancienne directrice avait droit à moins d'ingratitude et méritait certainement d'être mieux traitée sur une scène qui porta si longtemps son nom et qu'elle avait illustrée.

Le 12 avril 1834, Déjazet, sous l'habit de Jean-Jacques Rousseau, se fit applaudir dans *Les Charmettes*, charmant vaudeville de Bayard, Vanderburch et de Forges, qui retraçait une des plus délicieuses pages des *Confessions*.

Le théâtre du Palais-Royal avait, depuis peu, perdu des sujets importants.

Lepeintre aîné avait pris de nouveau sa volée vers la province ; Potier était allé chercher dans sa campagne de Fontenay-sous-Bois un repos qu'il avait si bien gagné ; Samson avait, d'une seule enjambée, franchi la distance qui le séparait de la Comédie-Française.

La Direction n'avait pas la prétention de remplacer de pareils artistes ; mais elle fit tous ses efforts pour rendre leur perte moins sensible.

Mme Leménil débuta le 10 mai 1834 dans *Dieu et Diable*, vaudeville en un acte de Simonin et Théodore Nézel. On la trouva ravissante en travesti.

Les débuts de son mari eurent lieu cinq jours après dans *le Triolet bleu*, vaudeville en cinq actes de Gabriel, de Villeneuve et Michel Masson.

Leménil obtint, le mois suivant, un véritable succès dans *La Salamandre*, quatre actes tirés du roman d'Eugène Sue, par de Livry, de Forges et de Leuven.

Le Capitaine de vaisseau ou *La Salamandre*, comédie-vaudeville en trois actes, puisée à la même source, par Mélesville, de Comberousse et Benjamin Antier, était en même temps jouée au Gymnase.

La loi ne protégeait pas encore suffisamment la propriété littéraire et les auteurs dramatiques pillaient sans vergogne les romans en vogue.

Catherine ou la Croix d'or, deux actes de Rougemont et Dupeuty, fut jouée au Palais-Royal le 2 mai 1835, en même temps que le Vaudeville et les Variétés représentaient une pièce sur le même sujet. Elles étaient toutes les trois empruntées à une nouvelle d'Émile Marco de Saint-Hilaire.

Pendant qu'avaient lieu les heureux débuts de Leménil et de sa femme, un garçon tout jouflu, la face largement épanouie, sans autre recommandation que sa bonne mine, était introduit chez Dormeuil et lui demandait à faire partie de sa troupe.

Il arrivait en droite ligne de Lyon où il exerçait la profession de *canut*. C'est le nom donné aux ouvriers en soieries qui pullulent à la *Croix-Rousse*.

Il ne manquait pas une seule représentation du théâtre des Célestins, dit-il au directeur et il savait par cœur tout le répertoire du Palais-Royal. Il avait, d'ailleurs, joué en société quelques rôles qu'il se mit aussitôt à débiter avec l'aisance d'un vieux comédien.

Le directeur est agréablement surpris. Une voix fraîche, sympathique n'est pas la seule qualité de l'ancien *canut;* il détaille le couplet comme autrefois Bosquier Gavaudan (1) « l'homme de France qui chantait le mieux le vaudeville » et il débite une tirade avec une verve, une rondeur peu communes.

Dormeuil voit tout le parti qu'il peut tirer du nouveau venu et il l'engage séance tenante.

Deux jours après, ce dernier se présentait chez Charles Maurice, directeur du *Courrier des théâtres,* avec la lettre suivante de son directeur (2) :

« Mon cher Ami,
« Je vous adresse et vous recommande le plus
« chaudement possible M. Achard, qui vous remet-
« tra cette lettre. C'est un garçon rempli de talent
« et de bonnes qualités ; il désire faire votre con-
« naissance, recevoir vos bons conseils et j'ai
« pensé que, par amitié pour moi, vous l'accueilleriez
« favorablement. »

« Toujours à vous.
« C. DORMEUIL. »

Cette recommandation produisit le meilleur effet; le virulent critique se montra d'une bienveillance

(1) BRAZIER. *Histoire des petits théâtres.* Tome II, p. 20.
(2) *Histoire anecdotique du théâtre,* par CHARLES MAURICE. Tome II, p. 89.

extrême pour le nouveau venu dont les débuts eurent lieu le 10 juillet 1834 dans *Lionel ou mon avenir*, vaudeville de Villeneuve et de Livry.

Il joua avec la rondeur et l'aisance d'un vieux comédien et fut applaudi par la salle entière.

Le rôle de Robineau dans *Le Commis et la Grisette*, vaudeville tiré du roman de Paul de Kock et qu'il joua quelques jours après, lui assura les sympathies du public.

Toutes ses créations, depuis ce jour, furent pour lui de nouveaux triomphes. *La France pittoresque, Le Ramoneur, Farinelli, L'Aumônier du régiment, Bruno le fileur, Les Enfants du délire, L'Enfant du faubourg* et bien d'autres pièces qu'il serait trop long de citer lui durent leurs succès.

Les frères Cogniard (Théodore et Hippolyte) devinrent ses auteurs favoris.

Ceux-ci firent leurs premières armes au théâtre du Palais-Royal.

On ne put jamais savoir quelle était la part de chacun dans leur collaboration fraternelle.

Ils s'aimaient à l'égal des frères Lyonnet, ces artistes jumeaux qu'on rencontre toujours sur le chemin d'une bonne action et ils furent aussi inséparables que les frères siamois.

Ils firent leurs études dans une modeste institution de Belleville.

A leur sortie de pension on les envoya en Italie pour reconstituer leur santé délabrée. Ils en revinrent régénérés par le climat bienfaisant de la Campanie et leur malle bondée de scénarios qu'ils transformèrent une fois à Paris en pièces à succès.

Ils cessèrent un jour d'écrire ; mais ils ne cessèrent pas de vaincre.

Ils se firent pour cela directeurs.

On a cessé de compter les théâtres qui prospérèrent sous l'honnête et habile administration des deux vaillants vaudevillistes.

Frétillon ou la Bonne Fille, comédie-vaudeville en cinq actes de Bayard et de Comberousse fut jouée le 13 décembre 1834.

Les auteurs ressuscitèrent, en quelque sorte, pour cette pièce, l'ancien couplet d'annonce enterré depuis près d'un demi-siècle. Les vers suivants qu'ils firent distribuer aux spectateurs, avant le lever du rideau, semblaient en tenir lieu.

« Béranger, notre Horace, en un tableau facile
« A peint de Frétillon la piquante bonté :
« Le théâtre, à son tour, traduit en vaudeville
« Les strophes du poète et leur verte gaieté.
« Tartufe dans son coin, va crier au scandale!
« Quelque sot le croira... Toi, public sans façon,
« Qui ne viens pas chez nous faire un cours de morale,
« Protège tes plaisirs... Comme dans la chanson
« La jeune fille aura son allure un peu vive,

« Ses humaines vertus, sa charité naïve...
« Rassure-toi pourtant; car notre Frétillon,
« Cette fille,
« Qui frétille,
« Gardera son cotillon. »

Déjazet qui jouait Frétillon obtint un de ses plus grands succès.

Elle fut admirablement secondée par Achard, Leménil et sa femme, Sainville, Boutin, Anatole et Octave.

Personne n'aurait pu mieux que Déjazet personnifier *La bonne fille*.

On sait que le nom de celle « qui ne gardait pas même son cotillon » avait été donné jadis à La Clairon.

Les mémoires de Frétillon, mémoires passablement scandaleux, publiés vers la fin du siècle dernier, et dont l'auteur est resté inconnu, démontrent clairement que la grande tragédienne ne sut jamais rien refuser.

Nous savons, quant à nous, qu'elle donna une preuve incontestable de son désintéressement.

On lit dans le compte rendu de la séance de l'Assemblée nationale du lundi 19 octobre 1789 :

« La célèbre actrice Mlle Clairon fait remise à la
« nation, à titre de don patriotique, d'une pension
« de mille livres et envoie à la monnaie quatre-vingt-
« six marcs d'argent en vaisselle. »

1834 *et* **1835** *ou le Déménagement de l'année*, revue en un acte de Théaulon, de Courcy et Théodore Nézel fut la dernière pièce jouée en 1834, année féconde, année qui fit dire à Harel, le directeur du théâtre de la Porte-Saint-Martin, de spirituelle mémoire : « Le théâtre du Palais-Royal est un théâtre « béni des dieux. Je défie que, quoique l'on y joue, « la recette ne s'élève au-dessus des frais. »

L'année 1835 ne compta que des succès.

Il suffira de citer :

Farinelli ou le Bouffe du roi, comédie-vaudeville en trois actes de Saint-Georges, de Forges et de Leuven, airs nouveaux de Pilati ;

Les Beignets à la Cour, comédie-vaudeville en deux actes de Benjamin Antier ;

L'Aumônier du régiment, vaudeville en un acte de Saint-Georges et de Leuven ;

La Périchole, vaudeville en un acte de Théaulon et de Forges.

La Tirelire, vaudeville en un acte de Cogniard frères ;

La Savonnette impériale, comédie-vaudeville en deux actes de Dumanoir, Anicet Bourgeois et Mallian ;

Enfin *La Fiole de Cagliostro*, vaudeville en un acte de Dumanoir, Anicet Bourgeois et Brisebarre.

Les Beignets à la Cour, empruntés à un conte charmant de Loëve Weymar firent surtout sensation.

Mlle Emma, dans le rôle de Mlle d'Humières, partagea le succès de Déjazet qui jouait Louis XV.

« Elle est si belle, si blanche, si mignonne dans
« son simple bazin, dit un journal du temps, en par-
« lant de Mlle Emma, que l'on conçoit sans peine
« que le roi en devienne éperdûment amoureux. »

Mme Charlotte Dupuis, qui débutait dans *la Savonnette impériale,* obtint un grand et légitime succès.

La piquante soubrette arrivait directement du théâtre des Funambules où, sous la joyeuse figure de Colombine, elle avait eu l'honneur de faire toutes sortes de niches au Pierrot de l'endroit, qui n'était autre que le fameux Debureau.

Le public du Palais-Royal admira les formes rondelettes de la débutante, son œil émérillonné, son jeu spirituel, et l'accueillit comme une enfant de la maison.

L'ancienne pensionnaire des Funambules devint, avec le temps, auteur dramatique. Elle a aussi écrit, nous assure-t-on, *l'Art d'être Grand'Mère,* un volume qui n'a pas été imprimé.

Nous avons pu la voir, jeune encore, entourée de petits enfants, qu'elle élevait à la brochette et avec une sollicitude plus que maternelle.

L'un d'eux, Maurice Dupuis, véritable enfant de la balle, a la taille d'un excellent comique.

Nous ne serions pas étonné de le voir un jour prendre rang sur l'un de nos meilleurs théâtres.

La Fiole de Cagliostro, vaudeville en un acte, qui montra Déjazet dans le double rôle d'une grand'-mère et de sa petite-fille, fut joué le 30 décembre 1835.

Brisebarre avait dix-huit ans quand il apporta à Dormeuil ce petit chef-d'œuvre.

La pièce fut reçue à la condition que le jeune auteur s'adjoindrait pour collaborateurs Dumanoir et Anicet-Bourgeois.

Il fallut en passer par là.

Et cependant son manuscrit fut à peine retouché par les deux maîtres, qui n'en figurèrent pas moins sur l'affiche.

Brisebarre, qui devint un de nos meilleurs auteurs dramatiques, fut aussi directeur.

Mais quel directeur !...

On n'en connut jamais de plus fantaisiste.

Les pièces qui lui étaient adressées, alors qu'il dirigeait l'ancien théâtre historique, pièces qu'il appelait ses Ours, étaient classées, après lecture, dans des cartons spéciaux qui portaient les titres significatifs de : *Berne, Pyrénées, Sibérie, Mer glaciale*.

Il mettait dans le carton de *Berne* les œuvres qu'il jugeait dignes d'être représentées ; dans le carton des *Pyrénées*, celles qui étaient reçues à correction; celles enfin enfouies dans les cartons de *la Sibérie* ou de *la Mer glaciale* étaient condamnées sans appel.

Il n'eut jamais à payer de figurants.

Sous prétexte de faire voir à ses nombreux amis les coulisses de son théâtre, il les faisait adroitement passer sur la scène au moment voulu.

Dans le nombre de ces comparses improvisés, qui parurent dans le drame de *Léonard*, on compta un jour un notaire, un conseiller à la Cour, un attaché d'ambassade et un prince russe.

Il avait Varner pour régisseur général, celui-là même qui avait dû à sa taille et à ses formes athlétiques d'être choisi par Alexandre Dumas père pour jouer le rôle de Porthos dans *les Trois Mousquetaires*.

Ce Varner ou plutôt ce Porthos absorbait tous les jours une telle quantité de bière, qu'il n'avait rien trouvé de mieux pour satisfaire à ce besoin d'absorption, que de condamner à un, deux ou trois bocks d'amende les infractions aux règlements du théâtre et les moindres retards aux répétitions.

Il n'en remplissait pas moins son service avec zèle.

On vint un jour dire à Brisebarre que son régisseur était au plus bas et qu'on lui avait administré l'extrême-onction : « Il a dû la prendre dans un « bock, exclama l'auteur des *Pauvres de Paris*. »

Les Chansons de Désaugiers, de Théaulon, de Courcy et Chazet;

La Marquise de Pretintailles, de Bayard et Dumanoir;

Voltaire en vacances, de Ferdinand de Villeneuve et de Livry;

Madame Favart, de Xavier Saintine et Michel Masson;

La Comtesse du Tonneau, de Théaulon et Chazet, qui se succédèrent à peu de distance, mirent le comble à la réputation de Déjazet.

On joua vers la même époque : *le Conseil de discipline*, qui fut le digne pendant du *Conseil de révision*, représenté en 1832, et *Actéon et le Centaure Chiron*, de Théaulon, de Leuven et Duvert.

Alcide Tousez jouait Actéon et Sainville le Centaure. Quand ce dernier disait, d'un accent convaincu : « Je suis Centaure et sans reproches », on riait à se tordre. Le mot appartenait à l'artiste, on le chercherait en vain dans la brochure.

CHAPITRE IV

Les privilèges du Gymnase et du Palais-Royal. — *Bobèche et Galimafré*. — Bobèche et Talma. — *L'Hôtel des Haricots*. — *Bruno le Fileur*. — Le Café des Comédiens — Débuts de Faugère, — de Grassot. — Labiche et ses collaborateurs. — *Les premières Armes de Richelieu*. — Débuts d'Oscar, — de Ravel, — de Mlle Fargueil, — d'Aline Duval. — Mme Clairville et ses fils. — Déjazet quitte le Palais-Royal. — Sa biographie.

En ce temps des privilèges les théâtres étaient soumis à des régimes particuliers dont ils ne pouvaient s'écarter sans encourir les rigueurs administratives. Le Gymnase, par exemple, ne pouvait, d'après son cahier des charges, jouer que des pièces en un acte. On lui permit, il est vrai, de puiser dans les pièces de l'ancien répertoire, mais à la condition expresse de les réduire à un acte. *Le Dépit amoureux, le Sourd ou l'Auberge pleine, les Trois Sultanes* et quelques ouvrages de maîtres, furent ainsi mutilés « dans l'intérêt de l'art. »

La duchesse de Berry, qui prit ce théâtre sous sa protection fit, on le sait, cesser cet état de choses, et le Gymnase risqua les pièces en deux et trois actes ; mais ce ne fut là qu'une simple tolérance qu'un caprice administratif pouvait faire disparaître.

Le gouvernement de Juillet se montra moins sévère pour l'ancienne salle Montansier. Il fut permis au théâtre du Palais-Royal de jouer des pièces en trois actes, et même en trois actes et cinq tableaux. Il fallait une autorisation spéciale pour représenter une pièce en cinq actes.

On a pu voir que la direction du Palais-Royal n'abusa pas de cette latitude. La plupart du temps le spectacle n'avait été composé jusqu'à présent que de quatre pièces en un acte. Comme ces pièces n'étaient pas, ainsi qu'aujourd'hui, fatalement destinées à des levers de rideau et qu'elles concouraient à la recette dans la proportion de leur mérite, les auteurs y apportaient beaucoup plus de soin.

Les Revues de fin d'année n'étaient alors, et pour cette raison, généralement qu'en un acte. Celle de 1836, de Théaulon, Bayard et de Courcy, intitulée : *L'année 1836 sur la sellette*, fut jouée le 1er janvier 1837.

On donna le 3 juillet 1837 *Bobêche et Galimafré*,

parade en trois tableaux, de Cogniard frères. Alcide Tousez joua Bobèche ; Leménil, Galimafré.

Les auteurs ressuscitaient dans cette pièce deux anciennes illustrations du boulevard du Temple, deux rois de la parade. Nos pères s'étaient délecté devant leurs tréteaux. Bobèche surtout leur paraissait inimitable avec son casaquin rouge et son chapeau gris à cornes, surmonté du papillon traditionnel allant et venant à l'aide d'un fil de laiton.

« Il avait des formules si heureuses et si nettes pour juger les hommes et les choses ; il remplaçait si bien la liberté de la presse, dont il était le seul et le courageux représentant, qu'il était impossible, même aux esprits les plus distingués, de ne pas se plaire à ces saillies toujours renouvelées, souvent burlesques, quelquefois éloquentes, à cette malice sans fiel, à cette grâce sans art; facile et fugitive conversation d'un bouffon qu'on aime et qui parle d'autant plus volontiers avec son auditoire qu'il l'amuse gratis aux bagatelles de la porte. »

Son opposition systématique finit cependant par agacer le pouvoir impérial, qui le rendit impossible en l'empêchant de parler à sa guise, en lui enlevant la liberté de s'exprimer comme il l'entendait.

« — On prétend que les affaires ne vont pas, s'é-
« tait-il avisé de dire un jour : j'avais trois che-
« mises et j'en ai déjà vendu deux. »

« Il disparut et l'on ne put savoir ce qu'il était
« devenu », dit Jules Janin.

Nullement. Mlle Flore a soin de nous renseigner à
cet égard dans ses curieux *Mémoires*.

Elle le rencontra à Rouen. Il était alors directeur
du Théâtre-Français, qu'on appelait le théâtre des
Éperlans, parce qu'il était situé juste en face la pois-
sonnerie, et qu'il était surtout fréquenté par des
matelots et des poissardes (1).

Bobèche reconnut la joyeuse actrice des Variétés,
venue pour voir le spectacle, et qui se pavanait
dans une première loge.

Il alla droit à elle, se fit reconnaître et l'invita à
dîner pour le lendemain.

— Impossible! demain précisément je suis invitée
par Talma, qui est de passage à Rouen.

— Talma! vous connaissez Talma? Ah! mademoiselle, mon plus grand bonheur serait de lui être
présenté, de lui parler.

Flore s'empressa de transmettre le désir du
pauvre Bobèche au grand tragédien.

Celui-ci fit mettre un couvert de plus le jour où

(1) Bobèche avait, assure-t-on, commencé par être directeur à Rouen du tout petit théâtre du *Pont-Neuf*. Ce théâtricule était alors vulgairement appelé : le théâtre *Décousu*,
du nom de l'un de ses directeurs qui faisait la parade à
la porte.

il devait avoir Flore à sa table, et envoya une invitation au directeur des *Éperlans*, qui était en même temps le principal acteur de sa troupe.

Il arriva en grande tenue, habit noir, bas de soie, boucles d'or aux jarretières et aux souliers.

La réception fut des plus cordiales ; la conversation ne tarit pas.

On apprit là, entre autres choses, que le nom de famille de Bobèche était Mandart.

Qu'il y avait, en ce temps-là, des auteurs pour les parades comme pour les tragédies.

« Ils venaient me lire leurs pièces, que je ne rece-
« vais pas toujours », dit Bobèche.

« Pauvres auteurs ! » ajouta Talma.

On cita les parades qui avaient eu le plus de succès.

L'œil du vieux pitre s'enflamma.

Il était facile de voir qu'il regrettait le temps passé.

Talma coupa court à ces souvenirs pénibles en trinquant à la prospérité du directeur et aux succès de l'artiste, qu'il promit d'aller applaudir.

Bobèche serra la main que lui tendit son hôte illustre et s'en alla joyeux.

Il eut la malencontreuse idée de mettre sur son affiche, le jour où Talma lui annonça qu'il irait à son spectacle :

« *M. Talma, premier tragédien de l'Europe, devant
« assister à cette représentation, le prix des places sera
« doublé.* »

Le boniment ne fut pas du goût du « premier tragédien de l'Europe. »

Il s'empressa de faire dire au directeur qu'il était indisposé et qu'il ne pourrait pas aller le voir; il se contenta de lui envoyer dix louis pour le prix de la loge qu'il avait fait retenir.

En résumé, Bobèche termina sa curieuse existence dans la peau d'un directeur de spectacle.

Galimafré, moins heureux, se fit garçon machiniste.

L'Opéra-Comique, où il exerça longtemps ses pénibles et modestes fonctions, n'apprit qu'à la mort du pauvre diable qu'il avait abrité l'un des héros de la grosse gaieté et de la farce populaire.

L'Hôtel des Haricots, vaudeville en un acte, de Leuven, Dumanoir et Dennery, fut joué le 9 août 1837.

Ce titre, qui peut paraître bizarre aujourd'hui, avait grandement sa raison d'être à cette époque où florissait la garde nationale.

La prison où les soldats citoyens allaient purger leur condamnation, quand ils avaient oublié de monter la garde, n'était désignée par eux que sous le nom d'Hôtel des haricots. Ils ne disaient pas :

Nous sommes condamnés à tant de jours de prison, mais bien à tant de jours de haricots. Ils savaient, les malheureux, qu'ils n'auraient d'autre nourriture pendant leur détention.

Ce vaudeville ne fut pas sans effets. Il appela l'attention de l'administration supérieure sur l'abus qu'on faisait du terrible légume dans la prison de la garde nationale, et il fut ordonné au directeur d'apporter un peu plus de variété dans la nourriture des détenus. On leur alloua des lentilles deux fois par semaine.

On voit que le vaudeville fut toujours bon à quelque chose.

Bruno le Fileur, deux actes des frères Cogniard, joué le 31 août suivant, fut un des plus grands succès du théâtre du Palais-Royal.

Ce vaudeville, joué avec infiniment d'entrain par Achard et Leménil, obtint plus de cent représentations.

Le Café des Comédiens, des mêmes auteurs, fut représenté le 4 novembre 1837.

Quand on joua cette pièce, ce café existait encore ; il était situé rue des Deux-Écus, près de la halle au blé.

C'était là que, quelques jours avant Pâques, se retrouvaient, chargés de gloire et de misère, « les Dorante édentés, les Célimène en cheveux blancs, les Dugazon en retraite, les Elleviou à la réforme »; enfin tous les parias de la grande famille dramatique.

A ce rendez-vous du talent sans feu ni lieu, de la vieillesse errante et de la médiocrité vagabonde, les honorables mendiants de l'art théâtral arrivaient dans toutes sortes d'attirails et se campaient fièrement sur des bancs vermoulus; ils attendaient qu'un autre pauvre diable de leur espèce, un directeur de province les vînt engager.

« Même dans cette extrémité, dit Jules Janin,
« jamais la gaieté ne les abandonne, jamais l'espé-
« rance ne s'envole de ces cœurs imbus de la
« plus précieuse des poésies, c'est-à-dire la plus
« rare, la plus difficile, la plus heureuse invention
« des hommes. La comédie, sous quelque forme
« qu'elle se présente, bouffonne ou sérieuse, triste
« ou gaie, en habit brodé ou en souquenille usée,
« avec la perruque de Louis XIV ou en queue rouge,
« sous l'habit de Célimène et sous la robe de Tar-
« tufe, elle est toujours la comédie. Elle plaît, elle
« charme, elle attire, elle passionne les hommes
« assemblés. Ses ruines même ont une grâce inef-
« façable. En vain la misère et le haillon envahis-
« sent la comédie errante; cherchez bien dans ce
« silence, dans cette pauvreté, dans cet abandon,
« dans cet hôpital, dans ce rendez-vous des co-

« médiens en disponibilité, vous retrouverez l'odeur
« des cuisines fermées, des bouteilles brisées, le
« bruit des gaietés envolées, le vestige en un mot
« de l'œuvre des maîtres et je ne sais quel parfum
« d'atticisme qui vous fait deviner que Molière et
« Racine, Lesage et Corneille, quelquefois même
« Mozart et Rossini ont passé par là. — « Esclave,
« va-t'en dire que tu as vu Marius assis sur les
« ruines de Carthage ! » Cela pourrait s'inscrire au
« fronton du café des Comédiens. »

Le rendez-vous de toute cette gueuserie intelligente avait été avant la Révolution dans un café borgne de la rue des Boucheries-Saint-Germain, aujourd'hui rue de l'École-de-Médecine.

« Rien n'égale au monde, dit Mercier, ce qui se
« passe à Paris, pendant la quinzaine de Pâques,
« dans un petit café situé rue des Boucheries. Fi-
« gurez-vous tous les directeurs de théâtre de
« province accourant à une espèce de marché pu-
« blic, pour composer leurs troupes, et tous ceux
« qui foulent le sapin d'un pas majestueux, accou-
« rant aussi de leur côté par troupeaux pour se
« vendre et s'engager..... »

« Le café déborde de ces nobles instruments de
« l'art dramatique. Ils sont pressés en groupe
« jusque dans les ruisseaux de la rue. L'un a un
« reste d'habit théâtral qui contraste avec sa

« chaussure ressemelée ; sa veste est magnifique
« et sa culotte rapetassée. Si on leur demande où
« ils vont, ils pourraient répondre comme Ésope :
« Je n'en sais rien..... »

Après la Révolution les comédiens campèrent quelque temps au Palais-Royal, entre le cirque qui tenait la place du bassin actuel, et le *Café du Caveau*, aujourd'hui *de la Rotonde*. Un décret du pouvoir exécutif les expulsa du fameux jardin, « par mesure d'ordre public. » Ils s'assemblèrent alors au café Touchard, rue de l'Arbre-Sec. Ils allèrent de là rue des Deux-Écus pour revenir une fois encore, au Palais-Royal.

Ils s'étaient emparés de l'allée parallèle à la galerie de Valois qu'ils avaient fini par regarder comme leur propriété. Les premiers rôles qui jouissaient d'une certaine considération en province avaient des arbres attitrés ; c'est à l'ombre de leur vert feuillage qu'ils racontaient leurs prouesses, les ovations dont ils avaient été l'objet ; c'est là aussi que venaient les relancer les directeurs en quête de premiers sujets.

Lorsque le titulaire d'un arbre était obligé de s'absenter, une pancarte, indiquant le motif de l'absence et l'heure présumée du retour, était toujours accrochée au tronc.

« Mon ami le directeur du Théâtre-Français m'a

« fait demander, écrivit un jour Vizentini sur son
« écriteau, je serai rentré dans une heure. »

Le jardin du Palais-Royal fut à son tour délaissé
et c'est dans une sorte de café-restaurant de la rue
des Marais-Saint-Martin tenu par l'excellente
Mme Planchet, une véritable mère d'artistes, que se
retrouvent un moment les survivants de la grande
cabotinerie.

Tout cela est déjà bien loin de nous.

Le roman comique de Scarron devient de plus en
plus inintelligible et il n'y a plus aujourd'hui de
Café de Comédiens proprement dit.

On ne saurait donner ce nom au *Café de Suède*
que fréquentent quelques chanteurs en rupture de
ban, au *Café de la Chartreuse* situé près de la Porte-
Saint-Denis, encore moins à celui *de la Renaissance* où
viennent s'attabler quelques épaves des cafés-
concerts et des théâtres de la province.

Ces derniers spécimens d'une race abâtardie et
qu'on peut apercevoir tous les jours à l'heure de
de l'absinthe, n'ont rien de leurs glorieux ancêtres ; Gauthier-Garguille et Turlupin ne les recon-
naîtraient plus.

Ma Maison du Pecq de Melesville et Varner fut
jouée le 19 novembre 1837.

C'était un à-propos-vaudeville inspiré par l'inauguration récente du chemin de fer de St-Germain,

la première de nos voies ferrées qui prirent naissance à Paris.

Le train ne gravissait pas encore la rude montée et *Le Pecq* était sa dernière station.

L'Ile de la Folie, revue en un acte des frères Cogniard, fut jouée avec succès le 1ᵉʳ janvier 1838.

La Maîtresse de langues, de Saint-Georges, de Leuven et Dumanoir fut jouée le 21 février et *Mademoiselle Dangeville*, de Villeneuve et de Livry le 10 avril suivant.

Déjazet, qui avait obtenu un grand succès dans la première pièce, fut inimitable sous les traits de la célèbre comédienne.

Les Enfants du délire, encore des frères Cogniard, furent représentés le 24 avril 1838.

Achard fut acclamé dans ce vaudeville qui servait de débuts à un jeune premier du nom de Faugère.

Faugère, un excellent garçon, était l'inexactitude même. Il n'arrivait au théâtre qu'au moment de paraître sur la scène ; c'est à peine s'il prenait le temps de s'appliquer un peu de rouge et de se pommader, ce qu'il ne manquait jamais cependant de faire à la hâte.

Pour le punir de ses incessants retards on lui fit la mauvaise farce de substituer à sa pommade extra-fine ce qu'avait essayé de cacher Moumoute, un superbe angora, qui s'était oublié, ce soir-là, à la porte d'une loge d'actrice.

Le beau jeune premier accourant, comme toujours au dernier moment, ne manqua pas de frotter du produit en question sa luxuriante chevelure. Il s'en dégagea une odeur indéfinissable dont il n'eut pas le temps de se rendre compte, pressé qu'il était d'entrer en scène ; mais la charmante Emma qui, tous les soirs, était obligée d'entendre ses mots d'amour, faillit tomber à la renverse quand le trop bel amoureux, ainsi que l'exigeait le rôle, lui appliqua sur sa joue rose un long et doux baiser.

Achard fut véhémentement soupçonné d'être l'auteur de cette charge de fumiste.

Faugère fut le premier à en rire ; il n'en fut pas moins inexact à l'avenir.

« Je n'ai pu résister au désir d'aller à Versailles, » écrivait-il un jour à Coupart qui l'attendait impatiemment pour faire lever le rideau. Ce fut Grassot qui se chargea de le remplacer ; mais à la condition expresse que son camarade ne serait pas mis à l'amende.

Un Drame, folie-vaudeville de Dupin, fut représenté le 1ᵉʳ juillet 1838.

Grassot, l'incomparable grotesque, auquel une génération a dû ses plus joyeux éclats de rire, débutait dans cette pièce.

Il naquit à Paris, en 1804, dans le quartier Saint-Martin.

Son père, modeste fabricant de tabletterie, le destinait au commerce et le plaça, à sa sortie de l'école des frères, chez un épicier de la rue Greneta.

Il quitta l'épicerie pour la quincaillerie, celle-ci pour la bijouterie qu'il abandonna à son tour pour entrer dans l'atelier de Cicéri ; il devint plus tard élève de Bouton et de Daguerre, enfin d'un paysagiste nommé Dufour.

Il quitta un instant la palette pour se faire commis-voyageur.

On le retrouva plus tard commis d'agent de change.

« Je n'avais pas les charmes du papillon, disait-il, mais j'en avais l'inconstance. »

Il ne tarda pas en effet à reprendre le pinceau du décorateur.

Appelé pour peindre des décors chez Mme la duchesse de Raguse, qui donnait une soirée théâtrale, il apprit là que le duc de Guiche qui devait jouer le rôle d'Alcibiade dans *le Coiffeur et le Perruquier* et celui de Pinchon dans *le Mariage de raison*, venait de faire une chute de cheval et que la représentation pour laquelle les invitations étaient faites, allait manquer.

Il offrit hardiment de remplacer le noble éclopé ; il savait justement par cœur les deux pièces qu'il avait vu plusieurs fois représenter au *Théâtre de Madame*.

La duchesse de Raguse, qui avait un moment tremblé pour ses invités, accepta avec reconnaissance.

L'acteur improvisé fut trouvé superbe ; on le récompensa par de chaleureux applaudissements, et par une magnifique épingle en diamants.

A partir de ce jour, Grassot se mit à *cabotiner*, à courir la province où il jouait de préférence les jeunes premiers.

Pour rendre service au directeur du Théâtre des Arts, il figura un jour, à Rouen, dans le cortège de *la Juive*.

Il s'habilla en cardinal, se fit la tête la plus impossible et donna, en passant devant la rampe, sa bénédiction au parterre qui couvrit le désopilant comparse de bravos frénétiques.

Sa voie était trouvée ; depuis cette représentation mémorable, il ne joua plus que les comiques.

Dormeuil, qui le vit dans le rôle du père Bizot du Gamin de Paris, l'engagea séance tenante.

Le public du Palais-Royal l'accueillit avec un immense éclat de rire et il devint en peu de temps l'homme de la maison.

On a cessé de compter les succès qu'il y remporta.

Le langage populaire lui est redevable d'une de ses locutions les plus pittoresques :

Parmi les admirateurs de son talent se trouvait un jeune homme d'excellente famille qui ne le quittait pas plus que son ombre.

Les nombreuses stations qu'il faisait chez les liquoristes avec ce fidèle Achate lui firent plus d'une fois perdre l'équilibre, aussi ne manquait-on pas de dire, quand on l'apercevait un peu titubant : cela n'a rien d'étonnant, « il a son jeune homme. »

Le mot est devenu classique dans les ateliers : on a son jeune homme lorsque l'on est tant soit peu gris, lorsque l'on est légèrement ivre.

Nous reproduisons ici un de ses portraits esquissé par Jouvin :

« Une chevelure en coup de vent ; la physionomie d'un singe en colère ; une voix qui tient de l'ours réveillé en sursaut et du soufflet d'orgue qui perd du vent ; des bras d'orang-outang désarticulés comme deux fléaux ; des genoux cagneux ; des jambes qui ont toujours l'air de frétiller sur une plaque de tôle chauffée à blanc ; une bouffonnerie qui fait mal à voir et un sérieux devant lequel on ne saurait conserver sa gravité ; tout ce que l'absurde a de plus renversant, le trivial de plus bas, le mauvais goût de plus excentrique, le cynisme de plus effronté... Oui, mais toutes ces énormités de l'extravagance d'un homme rachetées, absoutes, glorifiées par le splendide éclat de rire de la foule. On est furieux, mais on rit ! on fait les gros yeux à ses voisins apoplectiques, mais on rit !... »

Voici ce qu'en dit, à son tour, Théodore de Banville :

« L'acteur Grassot a été un des plus étonnants bouffons qui aient nagé dans l'absurde comme un cygne dans l'eau pure d'un lac. Maigre, émacié, ridé, strié, vénérable, absurde, ayant au cou plus de cordes qu'il n'y en a dans la boutique d'un cordier, il disait des calembredaines avec la bouche fendue jusqu'aux oreilles et de ses petits yeux perçait les âmes comme avec des vrilles, tandis que, lancé dans l'air étonné, son grand bras simiesque menaçait le vide, décrochait les étoiles et ameutait les Dieux et que son doigt crochu comptait l'un après l'autre des objets absents, en les désignant chacun d'un claquement de langue. Le gnouf ! gnouf ! de Grassot, interjection dénuée de sens, a été aussi célèbre que le : « Soldats, je suis content de vous, » de Napoléon Ier. »

Nous n'ajouterons à ces portraits touchés de main de maître qu'une simple anecdote prise entre mille.

La troupe du Palais-Royal avait été, en ce temps-là, appelée à Plombières pour dérider Napoléon III qui s'ennuyait à périr.

La veille de la première représentation, Grassot et Réné Luguet, égarés dans leur promenade, se trouvèrent, en sortant d'un de ces défilés si pittoresques et si nombreux dans cette partie des Vosges, nez à nez avec l'empereur qu'accompagnait un seul aide de camp.

« Ce sont nos artistes, » dit celui-ci.

« Monsieur Grassot, monsieur Luguet, soyez les bienvenus, dit l'empereur qui les reconnut...J'espère, messieurs, que vous allez nous jouer quelques-unes de vos meilleures pièces ? »

« Certainement, sire, dit Luguet ; nous craignons seulement que notre répertoire, un peu leste, n'effarouche les dames qui nous feront l'honneur d'assister au spectacle. »

« N'ayez aucune crainte, poursuivit l'empereur, jouez comme chez vous et surtout ne changez rien au texte ; je vous le recommande. Au revoir ! messieurs, et à demain ! »

L'empereur et l'aide de camp avaient à peine tourné les talons que Grassot s'écria de sa voix particulièrement stridente : « Décidément il a du bon cette *rosse* là. »

Un long éclat de rire retentit dans la sombre allée qu'avait prise l'empereur... Il avait entendu.

Pendant les quelques jours que la troupe du Palais-Royal passa à Plombières les excentricités de Grassot, qui parvenaient aux oreilles de la cour, alimentaient la gaieté du monarque.

Ne s'avisa-t-il pas un jour d'aller inspecter les cuisines impériales et de plonger son long doigt dans une casserole pour goûter à une sauce des plus succulentes.

Pour le coup l'empereur trouva que c'était aller un peu trop loin.

Grassot qui n'avait jamais déserté le Palais-Royal mourut non seulement dans la peau d'un artiste, mais aussi dans celle d'un limonadier.

Il trônait au *Café Minerve*, situé non loin du Théâtre-Français, quand l'inexorable parque osa trancher le fil de sa curieuse existence.

Ses ennemis — qui n'en a pas au théâtre? — prétendirent qu'il était son meilleur consommateur et qu'il avait absorbé les trois quarts de son fonds de limonadier.

M. de Coylin ou l'Homme infiniment poli, vaudeville en un acte de Marc-Michel, Lefranc et Labiche, fut joué le 2 juillet 1838 pour la continuation des débuts de Grassot.

Nous ne mentionnons cette pièce qu'en raison du nom de Labiche qui se présente ici pour la première fois.

Cet auteur devint le plus grand fournisseur du théâtre du Palais-Royal.

Toujours escorté d'un ou de plusieurs collaborateurs, il eut la bonne fortune de les absorber tous.

Nous ne trouvons cependant parmi ceux-ci que des hommes d'un incontestable talent.

Qui parle d'eux aujourd'hui ?

On dit : « *Le Chapeau de paille d'Italie* de Labiche, » et personne ne mentionne Marc-Michel qui se trouve pourtant le premier sur l'affiche ; « *Le Voyage de M. Perrichon* de Labiche, » et personne ne songe à Édouard Martin ; il en est de même pour *La Cagnotte* à laquelle Delacour à grandement collaboré.

Quant à Lefranc qui signa également en premier une grande partie du « *Théâtre de Labiche.* » et qui mourut à la peine, il est absolument oublié.

Nous n'avons pas la prétention de faire descendre l'honorable académicien du piédestal sur lequel il a été hissé par ses éminents collaborateurs, mais nous ne pouvons nous empêcher de regretter l'oubli dans lequel sont tombés ces auteurs de mérite et de signaler en passant cette grande injustice du sort.

Il ne suffit pas, selon nous, d'indiquer en lettres minuscules et par un renvoi au bas des pages le nom des collaborateurs : nous estimons que le *Théâtre de Labiche*, qui a pris place dans toutes les bibliothèques, devrait être intitulé : *Théâtre de Le-*

franc, Marc-Michel, Édouard Martin, Labiche, et cœtera.

Si, au moins, à l'exemple de Scribe, de Dumanoir, de Bayard même, notre heureux auteur avait, par quelques bons ouvrages, *sans collaboration*, justifié sa grande réputation, mais point. Les trois ou quatre vaudevilles qu'il a signés seul ne méritent pas d'être cités.

Labiche n'en possède pas moins au plus haut degré la science du théâtre. Ceux qui l'ont vu à l'œuvre affirment qu'il sait tirer des effets comiques des moindres situations et que nul ne sort plus habilement que lui d'une difficulté de mise en scène. Ce sont là des qualités essentielles qui ont pu le faire rechercher des directeurs et expliquer à leurs yeux l'infériorité relative de ses collaborateurs. Nous avons dû, pour être juste, nous placer à un autre point de vue.

Les Trois Dimanches; Pascal et Chambord; Manon, Ninon et Maintenon maintinrent avec quelques autres bons vaudevilles les recettes à une hauteur satisfaisante ; elles atteignirent le maximum avec *Les premières Armes de Richelieu*, comédie-vaudeville en deux actes, jouée le 3 décembre 1883.

Cette pièce qui mit le comble à la réputation de de Déjazet fut jouée plusieurs mois de suite ; elle était due à la collaboration de deux de nos meilleurs auteurs dramatiques : Bayard et Dumanoir.

Ils écrivirent pour accompagner leur charmante comédie *Indiana et Charlemagne*, pochade à deux personnages qui fit fureur grâce à ses deux excellents interprètes, Achard et Déjazet.

La Famille du Fumiste, vaudeville en deux actes de Varner, Duvert et Lauzanne, obtint également un grand succès.

On donna, le 29 janvier 1841, *Mademoiselle Montansier*, comédie-vaudeville en un acte de Bayard et Gabriel.

Cet hommage à l'ancienne directrice fut d'autant mieux reçu que Mme Leménil la représentait avec une grâce parfaite et toute la vivacité de la piquante Béarnaise.

Oscar qui se rendit plus tard célèbre aux Délassements-Comiques dans les compères de revues, jouait dans cette pièce le rôle de Volange. Cet résurrection de Janot fit pâmer d'aise les quelques vieux spectateurs qui pouvaient encore se souvenir de l'illustre queue-rouge.

Le 18 mai 1841 Ravel débutait dans *Les secondes Noces*, vaudeville en deux actes de Mélesville et Carmouche.

Un de ses amis, venu tout exprès de Bordeaux pour l'applaudir, apprenait ce jour-là à ses voisins de l'orchestre que l'excellent comique était natif des bords de la Gironde.

Son père, un marchand de chevaux, qui avait essayé d'en faire un clerc de notaire, puis un commerçant, apprit un jour avec stupeur que son héritier avait suivi une troupe de comédiens ambulants ; il fut sur le point de lui envoyer sa malédiction, mais il eut vent de ses succès et pardonna.

Le jeune artiste, réconcilié avec l'auteur de ses jours, vint à Paris et se produisit sur les théâtres de la banlieue.

Il débuta au Vaudeville en 1837 et c'est avec une réputation déjà établie qu'il entra au Palais-Royal où il n'eut pas de peine à prendre une des meilleures places.

Il y resta plus de vingt ans et y personnifia le comique de genre, le comique de bon goût.

Sa vivacité gasconne, sa verve intarissable, le firent rechercher des auteurs dont il assurait le succès.

Le Caporal et la Payse, l'Omelette fantastique, 'La rue de la Lune, qui suivirent à peu de distance, firent ressortir l'extrême souplesse de son talent et le classèrent parmi les bons comédiens.

La Sœur de Jocrisse, folie-vaudeville de Varner et Duvert, jouée le 17 juillet 1841, fit revivre dans la personne d'Alcide Tousez le fameux type créé par Baptiste jeune et dans lequel s'était incarné Brunet.

Le rôle de Charlotte fut admirablement joué par

Charlotte Dupuis. Les auteurs, par une délicate attention, avaient donné à la sœur de Jocrisse le prénom de leur gentille et gracieuse interprète.

Le Vicomte de Létorières, comédie-vaudeville en trois actes de Bayard et Dumanoir, écrite pour Déjazet et jouée le 1ᵉʳ décembre, fut le digne pendant des *Premières Armes de Richelieu*.

On joua le 8 juin 1842 *les Deux Couronnes*, vaudeville en trois actes de Bayard et Dumanoir pour les débuts de Mˡˡᵉ Fargueil.

On applaudit la jeune artiste qui devait être plus tard une de nos plus éminentes comédiennes.

S'il est vrai que Mˡˡᵉ Fargueil se trouva quelque peu dépaysée sur la scène qu'avait illustrée Jocrisse et qui portait encore l'empreinte du passage de Cadet-Roussel, Aline Duval s'y trouva comme dans sa propre demeure.

La joyeuse actrice, qui débuta le 24 juillet suivant dans *Francine la gantière*, vaudeville de Mélesville, Carmouche et de Courcy fut littéralement acclamée.

Elle avait commencé par être pensionnaire du « Théâtre des jeunes élèves de M. Comte, physicien du Roi. »

Ce théâtre qui est aujourd'hui celui des Bouffes-Parisiens avait pris ces deux vers pour devise :

« Par les mœurs, le bon goût, modestement il brille
« Et sans danger, la mère y conduira sa fille. »

Ce dystique, qui s'étalait pompeusement sur l'affiche, attirait passage Choiseul une clientèle et des auteurs d'une moralité incontestée.

Xavier de Montépin, qui était parmi ceux-ci l'un des plus accrédités, fut interprété par la petite Aline, dont le nom, en lettres d'or et entourée d'une couronne de lauriers, fut placé au foyer du théâtricule, honneur que le physicien du roi ne réservait qu'à ses artistes de talent.

Elle en avait déjà et elle promettait d'en avoir plus encore, aussi prit-elle facilement son essor. Après quelques tentatives sur des scènes secondaires, elle arriva au Palais-Royal où son allure éveillée, sa mine espiègle et son jeu franchement comique n'ont pas tardé à la classer parmi les meilleurs artistes du théâtre.

On joua le 21 mars 1843 *Les Hures graves*, parodie des *Burgraves*, *trifouillis* en vers, disait l'affiche, de Dumanoir, Siraudin et Clairville.

Les commencements de Nicolaï, dit Clairville, dont ce « trifouillis » est l'une des premières pièces, furent des plus accidentés et touchent quelquefois à l'odyssée.

Sa mère qui était actrice au théâtre du Luxembourg, vulgairement appelée Bobino le lança lui et son frère aîné sur les planches de ce petit théâtre. Elle rêvait pour ses enfants les lauriers de Talma.

L'un d'eux qui remplissait un jour le rôle d'Hamlet avait à dire :

« Mânes de mon père j'ai juré de vous venger. »

mais sa langue lui fourcha et l'on entendit distinctement :

« *Anes* de mon père j'ai juré de vous *manger* (1). »

On rit à en casser les banquettes.

Depuis ce jour les deux Clairville ne purent être pris au sérieux.

Ils se rabattirent sur les rôles comiques mais ils les jouaient en tragédiens et produisaient des effets à rebours.

Mme Clairville, que les étudiants appelaient la mère des Gracques, prédit à ses fils qu'ils deviendraient des garçons d'accessoires.

Elle se trompa au moins pour le cadet qui fut un des auteurs les plus féconds de notre temps.

Clairville a signé quelques œuvres remarquables et nous ne saurions être de l'avis de notre excellent ami Monselet qui a écrit quelque part : « On a osé « comparer Clairville à Désaugiers : nous estimons « qu'il y a entre ce dernier et lui la même différence

(1) *Le Manteau d'Arlequin*, par Edouard Montagne. 1 vol. in-18.

« qu'entre un chef d'orchestre et un tourneur d'or-
« gue de Barbarie. »

Nous signalerons parmi les pièces à succès jouées à cette époque :

Le Marquis de Carabas de Bayard et Dumanoir, *Jocrisse en famille* de Duvert et Lauzanne, *Brelan de troupiers* de Dumanoir et Étienne Arago, *Le Major Cravachon*, de Lefranc, Labiche et Jessé, *L'Etourneau* de Bayard et Léon Laya ; et enfin *Deux papas très bien* de Lefranc et Labiche.

Le 10 décembre 1843 débutait Mlle Scrivaneck dans *Une Invasion de Grisettes*, vaudeville en deux actes d'Etienne Arago et Varin.

C'était une Déjazet rajeunie.

Elle portait, elle aussi, très fièrement le pourpoint et le haut de chausses; mais elle eut le grand tort d'arriver après la grande artiste qu'elle semblait toujours copier.

Le public lui tint compte cependant de ses efforts et elle fut plus d'une fois chaleureusement applaudie dans les rôles de son illustre devancière.

N'oublions pas de rappeler que, pendant la guerre, Mlle Scrivaneck remplit à l'ambulance qu'on avait installée au foyer du théâtre des Variétés l'office de garde-malade et qu'elle mit à panser nos blessés tout le zèle et toute l'abnégation d'une sœur de charité.

Le rôle de Carlo Bertinazzi dans *Carlo et Carlin*,

vaudeville en deux actes de Mélesville et Dumanoir, joué le 23 février 1844, fut la dernière création de Déjazet au théâtre du Palais-Royal.

Ce fut dans cette pièce que Frétillon fit, le 1er mai suivant, ses adieux au public.

Nous croyons devoir placer ici les quelques notes que nous avons recueillies sur l'inimitable comédienne.

Pauline-Virginie Déjazet est née à Paris, rue Saint-Lazare, le 30 août 1797. Sa sœur Thérèse, qui faisait partie du corps de ballet de l'Opéra, lui apprit la danse et la fit débuter, à cinq ans, sur le théâtre des Capucines situé près de la place Vendôme et sur l'emplacement de la rue de la Paix qui n'existait pas encore. Gardel, un des premiers chorégraphes de l'époque, témoin de son premier succès, voulut lui donner des leçons et lui prédit qu'elle serait un jour une émule de la fameuse Camargo. Il se trompa. Un rôle, un véritable rôle, celui de l'Amour dans *les Sirènes*, mélodrame en trois actes du citoyen Hapdé, qu'elle joua un an plus tard au Théâtre des Jeunes-Artistes, lui traça la voie qu'elle devait suivre.

Du Théâtre des Jeunes-Artistes elle passa à celui des Jeunes-Élèves, situé rue de Thionville, actuellement rue Dauphine, juste en face la rue du Pont-de-Lodi. Le décret de 1807 qui supprima tous les petits spectacles, la fit entrer au Vaudeville. Le directeur, le père Barré, qui l'avait remarquée, ne tarda pas à l'engager. Elle créa dans *la Belle au bois dormant* de Bouilly et Dumersan, le rôle de la fée Nabotte. La pièce et la petite actrice firent courir tout Paris. Elle quitta le Vaudeville pour les Variétés que dirigeait alors Brunet et y obtint un grand succès dans le rôle d'un jeune lycéen. Ce succès, qui portait ombrage à Pauline, une étoile de ce temps-là et qui passait à tort ou à raison pour être la sultane favorite de l'endroit, fut cause que son engagement ne fut pas renouvelé.

Elle partit alors pour Lyon où Delestre-Poirson, qui venait d'obtenir le privilège du Gymnase et qui voyageait pour former sa troupe s'empressa de l'engager après lui avoir vu jouer *Le Diable couleur de rose*.

Elle fit un séjour de quelques mois à Bordeaux avant de retourner à Paris. C'est à Bordeaux qu'elle joua pour la première fois sous son nom de Déjazet; elle ne s'était fait connaître jusque-là que sous son prénom de Virginie. Ce nom de Déjazet était du reste fort connu sur les rives de la Gironde; sa sœur aînée Hippolyte-Pauline Déjazet, chanteuse d'un certain mérite, avait été attachée plusieurs années au grand théâtre de Bordeaux et y avait laissé les meilleurs souvenirs.

Virginie Déjazet ne fut pas appréciée à Bordeaux où trônait alors Elisa Jacops, fort jolie personne qui remplissait l'emploi des soubrettes. Le jeu fin et spirituel de la Parisienne demeura incompris. Cela n'a rien d'étonnant. Si l'on en croit l'abbé de Voisenon, il n'y aurait chez nos modernes Aquitains aucun sentiment artistique. Voici ce qu'il écrivait à son ami Favart le 12 juin 1761, dans une lettre datée de Bordeaux (1) :

« J'allai hier à la comédie ; il y avait une demi-
« chambrée. La troupe est indigne et les femmes
« surtout ; l'acteur le moins mauvais est le valet, il
« copie Préville et lui ressemble comme s'il avait
« été peint par un barbouilleur d'enseignes ; mais
« le tout est beaucoup trop bon pour le public
« d'ici ; je n'en ai jamais vu un aussi dur ; ce n'est
« point par discernement, c'est par impuissance de
« juger ; que l'on ne me parle plus des Gascons ; il
« faut leur donner du foin ; ils chuchottent éternel-
« lement pendant le spectacle ; cela ressemble à
« ces essaims d'insectes qui bourdonnent pendant
« l'été ; ils n'applaudissent pas une fois. Grandval
« y a été trouvé détestable et Carlin sifflé. Ah !
« quel vilain peuple ! J'en ai dit mon sentiment à
« M. le maréchal (2), il m'a répondu : Vous avez

(1) *Mémoire et correspondance littéraires, dramatiques et anecdotiques de Favart.* Paris, 1808. Tome III, p. 127.
(2) Le maréchal de Richelieu était alors gouverneur de Bordeaux.

« raison, vous le connaissez bien, c'est une sotte
« espèce. »

Déjazet débuta au Gymnase le 30 décembre 1820 dans le rôle de Marianne de *Caroline*, vaudeville en un acte de Scribe et Ménissier. Ce n'était là qu'une reprise ; cette pièce avait été primitivement jouée au Théâtre du Vaudeville. C'était la célèbre Minette qui avait établi ce personnage de Mariane ; la débutante ne la fit pas regretter.

Elle créa le rôle de Léon dans *la Petite Sœur*, pièce écrite pour les débuts de Léontine Fay, devenue plus tard Mme Volnys. Ce vaudeville fut joué pour la première fois le 6 juin 1821 devant la duchesse de Berry. *Madame* daigna complimenter notre actrice qu'elle avait trouvée charmante, peut-être parce qu'elle lui ressemblait. Cette ressemblance était si frappante qu'elle fit dire à la duchesse elle-même un soir que le directeur la conduisait au foyer du Gymnase où il avait fait tout récemment placer, par courtisannerie, le buste de son altesse : « Mon cher Poirson, vous avez dé-
« coré votre foyer du portrait de Mlle Déjazet : c'est
« très galant... »

Le directeur tout interloqué ne sut que répondre et resta complètement abasourdi.

Un petit acte de Scribe et Germain Delavigne intitulé : *le Mariage enfantin*, écrit spécialement pour elle et Léontine Fay, fut joué plus de cent fois.

Plusieurs rôles suivirent dans lesquels elle fit toujours preuve d'un jeu exquis et d'une habileté extraordinaire à se travestir.

Les auteurs et la direction commençaient à compter avec elle quand survint l'engagement de Jenny Vertpré. Celle-ci arrivait du Vaudeville avec une réputation toute faite. « Rien n'était plus gen-
« til, plus mignard, plus intelligent, nous dit Bra-
« zier ; elle portait la cornette et le cotillon rouge
« avec une grâce infinie. »

Déjazet ne tarda pas à s'apercevoir que les meilleurs rôles étaient pour son heureuse rivale. Celui de Mme Pinchon dans *le Mariage de raison*, qui fut également donné à Jenny Vertpré, fut cause de sa rupture définitive avec le Gymnase. Malgré les plus grands efforts de la direction pour la retenir, elle ne put se décider à renouveler son engagement.

Le 5 juin 1828 Dejazet débutait sur le Théâtre des Nouveautés situé alors place de la Bourse.

Elle y fit, pendant les trois ans qu'elle y resta, des créations importantes. Dans *Bonaparte à l'école de Brienne*, comédie-vaudeville de Gabriel et Michel Masson, jouée peu de temps après la révolution de 1830, elle fut rappelée dix fois. Les avant-scènes et les loges la couvrirent d'une pluie de bouquets.

Quels qu'aient été jusque-là les succès de l'éminente artiste, sa réputation ne s'affirma réellement qu'au Théâtre du Palais-Royal où elle fit son apparition le jour même de l'ouverture, 6 juin 1831. Elle y conquit le premier jour la première place.

Peu de temps après elle fut là absolument chez elle, si bien chez elle, qu'elle devint, nous dit encore Brazier, « l'actrice la plus *oseuse* de Paris, ne reculant devant rien, ne s'effrayant de rien et riant avec le public comme avec un ami. »

La nomenclature des pièces qui lui durent leur succès serait trop longue, nous rappelerons seulement : *Le Philtre Champenois, Les Chansons de Béranger, Vert-Vert, Sophie Arnould, La Fille de Dominique, Sous-Clef, Un Scandale, Les Charmettes, Le Triolet bleu, Frétillon, La Maitresse de Langues, Les premières Armes de Richelieu, Le vicomte de Létorières, La marquise de Carabas,* etc., etc.

Elle quitta le *Palais-Royal* au mois de mai 1844. Elle y était restée treize ans. Une misérable question d'argent, que la direction ne voulut pas trancher immédiatement, fut cause du départ de l'actrice favorite. Il y eut des pleurs des deux côtés et cependant les deux parties s'obstinèrent dans leur entêtement.

Nestor Roqueplan le directeur des *Variétés* ouvrit ses portes toutes grandes à Déjazet. Elle fit son entrée dans ce dernier théâtre, le 24 février 1845, dans la reprise des *Premières Armes de Richelieu*. Elle fut couverte de bouquets.

Quelques créations importantes signalèrent son passage au Théâtre des *Variétés*. Dans le *Marquis de Lauzun* et surtout dans *Gentil Bernard* elle fit courir tout Paris.

Nous la retrouvons plus tard au Théâtre de la Gaîté où elle récolte encore des bravos enthousiastes dans le *Sergent Frédéric* de Vanderburch et Dumanoir.

Toutes ces pièces furent pour Déjazet de véritables triomphes.

« C'est l'actrice universelle, nous dit un de
« ses biographes (1), tous les rôles vont à son
« génie, comme tous les costumes vont à sa
« taille. »

Tour à tour grisette au sourire mutin, grande dame à l'œil fier, paysanne aux lestes allures, marquis impertinent, soldat querelleur, collégien timide, étudiant aux folles mœurs, elle prend tous les masques, elle se plie à toutes les formes, elle parle tous les jargons, elle éblouit le regard par mille métamorphoses.

Protée charmant, elle change de visage à sa guise

(1) *Les Contemporains*, par Eugène de Mirecourt.

et compose à elle seule un musée complet, une galerie de portraits historiques.

Voltaire, Jean-Jacques Rousseau, Bonaparte, Henri IV, Ninon, la Champmeslé, Mme Favart, Sophie Arnould, hommes ou femmes peu lui importe. Ressemblance de figure ou ressemblance de caractère, rien ne lui coûte, rien ne lui est impossible dans le domaine de son art. Elle marche de prodiges en prodiges, ne laissant jamais reposer l'admiration et faisant crouler chaque soir la salle sous les bravos.

Après avoir parlé de l'artiste, parlons un peu de la femme.

Elle avait le cœur le plus compatissant du monde. Mille fois elle vint en aide à des artistes malheureux. Toutes les villes de province où elle a passé ont été témoins de son désintéressement. Partout où il y avait une misère à secourir elle provoquait une représentation à bénéfice et le bénéficiaire était toujours sûr, grâce à une forte recette, d'être à l'abri du besoin.

Elle avait de l'esprit à revendre. Personne, pour nous servir d'une expression bien connue, n'en a dépensé autant en petite monnaie. Il fut un temps où ses bons mots entraient dans toutes les conversations.

A l'époque où tous les théâtres venaient au secours des inondés de la Loire, Déjazet, non contente d'avoir joué au Palais-Royal pour cette bonne œuvre, concourut à la représentation donnée à l'Opéra.

Avant que le rideau ne se levât pour la pièce qu'elle allait jouer, l'actrice voulut voir s'il y avait beaucoup de spectateurs dans la salle.

Comme elle regardait par le trou de la toile, un haut et puissant personnage, habitué des coulisses, vint par derrière lui prendre la taille d'une façon inconvenante.

« Vous vous trompez monsieur, dit-elle en se
« retournant, je ne suis pas de la maison. »

Un de ses infatigables soupirants lui dit un jour :
« Faites-moi au moins l'aumône d'un baiser ? »

« Non pas, non pas, répondit-elle, j'ai mes pauvres. »

Nous devons dire, cependant, que son excellent caractère s'était un peu modifié avec les années. Frétillon n'avait pas survécu aux nombreux ingrats qu'elle avait faits.

Elle se montra alors quelquefois cruelle, méchante même pour ses camarades.

La grosse Léontine, devenue très populaire, surtout depuis qu'elle avait joué le rôle de Chonchon dans *la Grâce de Dieu*, crut lui être très agréable en lui disant que les titis l'avaient surnommée la Déjazet du boulevard du Temple.

« Cela ne m'étonne pas, répondit-elle, le duc
« d'Orléans avait aussi dans ses écuries une jument
« qui portait mon nom. »

On sait qu'en parlant de son élève, Céline Chaumont, elle disait : « mon singe. »

Celle-ci justifiait peut-être ce qualificatif par ses minauderies et ses imitations exagérées ; mais les professeurs sont tenus à plus de bienveillance.

Après sa courte apparition au théâtre de *la Gaité* on pensa qu'elle allait, dans sa campagne de Seine-Port, se reposer enfin sur ses lauriers ; il n'en fut rien.

Elle ne voulut pas abandonner son fils Eugène qui prenait la direction du théâtre des *Folies nouvelles*.

Ce théâtre prit, dès lors, le nom de théâtre *Déjazet* qu'il porte encore aujourd'hui.

Elle joua dans la pièce d'ouverture: *Les Premières Armes de Figaro*, trois actes de Vanderburch et Victorien Sardou. Cette comédie peu amusante n'obtint qu'un maigre succès, malgré tout le talent dont le principal rôle fut joué.

Le public déserta peu à peu le théâtre, mais il y fut ramené par une revue de fin d'année intitulée : *Gare là-dessous* et signée de Charles Potier, Eugène Hugot et Pervillé.

Eugène Déjazet, qui était un excellent musicien,

avait intercalé dans cette revue, dont nous étions un peu l'auteur, une parodie de *La Juive* de sa composition. Cette parodie en italien macaronique, intitulée: *La Juiva* arrivait là comme des cheveux sur la soupe et apparaissait dans notre pièce, malgré tout le talent de Dupuis, comme une immense tache d'huile. Les auteurs voulurent, mais en vain, la faire disparaître.

Il s'en suivit de la part de Pervillé, qui écrivait dans le *Tintamarre* sous le nom de Candélario, une polémique qui dégénéra souvent en invectives. Le directeur et sa mère étaient pris à partie et tournés en ridicule de la plus verte des façons. Un article emporte-pièce mit le comble à la patience d'Eugène Déjazet; il envoya ses témoins à Candélario; celui-ci nous choisit avec Commerson pour les siens. On devait le lendemain arrêter les conditions d'un combat à outrance.

Nous étions alors attaché au ministère des beaux-arts. A peine étions-nous, dès le matin, installé à notre bureau que l'on nous annonça la visite de Mme Déjazet. L'excellente mère venait s'opposer, disait-elle, au *meurtre* de son fils. Elle était toute en larmes. Nous parvînmes à la rassurer complètement.

Nous n'eûmes pas de peine à amener Candélario qui, bien que le plus rageur des hommes, était le meilleur enfant du monde, à retirer les expressions blessantes qui avaient paru dans le *Tintamarre*. Eugène, de son côté, promit de ne plus rien intercaler dans les pièces sans l'assentiment des auteurs et tout se termina par une accolade fraternelle et par un excellent déjeuner.

Peu de temps après l'événement que nous venons de rapporter avait lieu la première représentation de *Monsieur Garat*, de Victorien Sardou. Ce fut pour le futur académicien une éclatante revanche et pour l'actrice un succès indescriptible.

On la retrouva dans cette pièce plus jeune, plus pimpante, plus gracieuse que jamais ; elle touchait cependant à sa soixante-cinquième année.

Les Prés Saint-Gervais, également de Victorien Sardou et qui suivirent à peu de distance, continuèrent à faire courir tout Paris.

Sa voix était dans ces derniers temps aussi limpide, son sourire avait la même finesse et elle avait conservé ce merveilleux talent qu'elle seule a possédé jusqu'ici, « de jeter par-dessus la rampe le mot « grivois, sans éveiller une susceptibilité, sans « blesser en rien la fibre si délicate de la pudeur « publique. »

Elle joua ensuite un rôle de mousse dans une pièce de Paulin Deslandes intitulée : *Grain de Sable*. Ce fut sa dernière création.

On se pressa à ses funérailles qui eurent lieu le 4 décembre 1875.

Ce fut un deuil pour Paris. Il lui sembla qu'avec elle s'envolait un des derniers échos de la gaîté française.

CHAPITRE V

Débuts de René Luguet, — de M⁽ˡˡᵉ⁾ Duverger, — d'Hyacinthe, — d'Alice Ozy. — Résurrection du Théâtre Montansier. — Débuts de Bache, — de Céline Montaland. — *Le Chapeau de paille d'Italie.* — Débuts de M⁽ᵐᵉ⁾ Thieret, — de Brasseur, — de Gil-Perez. — Lambert-Thiboust. — Commerson. — Débuts d'Henri Monnier. — Camille Doucet et son horrible bienveillance. — Débuts d'Arnal, — de M⁽ˡˡᵉ⁾ Boisgontier, — de Lassouche, — de Delannoy. — de Pradeau, — d'Hortense Schneider. — Victorien Sardou.

Après le départ de Déjazet du Palais-Royal, les recettes baissèrent sensiblement.

Le public, qui avait pris fait et cause pour Frétillon, bouda quelque temps son théâtre favori, mais il ne put résister aux efforts d'une direction qui, pour le ramener, enfantait des prodiges.

Les pièces nouvelles se succédèrent avec une incroyable rapidité.

L'*Etourneau*, comédie-vaudeville en trois actes de Bayard et Léon Laya, qui mit le talent de Ravel sous un nouveau jour, acheva la réconciliation.

La confiance de Charles Poirson n'en avait pas moins subi un rude échec. Cet associé du directeur persista dans l'idée qu'il avait conçue d'abandonner la partie, malgré les efforts de Dormeuil et de Coupart pour lui faire changer de résolution.

Il céda sa part de direction à Benou, un ex-commissaire-priseur, qui avait vendu sa charge pour raison de santé.

Le nouvel associé, qui ne devait entrer en fonctions que le 1er janvier 1846, spécifia dans son traité qu'il resterait étranger à toutes les questions théâtrales et qu'il ne s'occuperait que de comptabilité.

Le 13 mars 1845 débutait dans *le Vieux de la Vieille*, vaudeville en un acte de Duchâtelard, Réné Luguet que nous retrouvons après quarante ans sur la même scène, aussi jeune, aussi vaillant que le premier jour.

On a bien à lui reprocher quelques infidélités, quelques échappées vers le Vaudeville et le Gymnase, mais ses escapades ont été de courte durée et on l'a toujours vu revenir à son théâtre de prédilection avec la joie d'un amant qui retrouve sa première maîtresse.

Il commença par faire le tour du monde en qua

lité de mousse et il puisa dans ce rude métier le sentiment de la discipline. S'il sut obéir, il sut également commander ; ses camarades conviennent qu'il n'est pas de meilleur régisseur général.

Il appartient à une famille d'artistes : nous avons déjà parlé de sa grand'mère maternelle qui fut une célébrité ; deux de ses frères sont des acteurs de mérite et il s'est montré lui-même, dans plus d'un rôle, comédien de talent. Sa sœur, Mme Marie Laurent, s'est fait une grande réputation dans le drame ; on lui doit la création de l'Orphelinat des Arts, œuvre de bienfaisance dont les bons résultats n'ont pas tardé à se produire et qui aidera puissamment à sauver de l'oubli le nom de la grande artiste.

Nous allions omettre de dire que pour Réné Luguet, dont le nom de famille est Bénéfaut, Pégase n'est jamais rétif ; il tourne le couplet avec infiniment d'esprit et nous connaissons quelques-unes de ses pièces de vers qui pourraient être signées de nos meilleurs poètes.

Le 1er avril 1845 eurent lieu, dans *un Poisson d'avril*, de Léon Laya, les débuts de Mlle Duverger.

La superbe actrice ne fit que s'essayer dans un genre qui n'allait ni à sa taille majestueuse, ni au sérieux de son visage, aussi prit-elle bientôt son essor vers les théâtres de drame où l'attendaient quelques belles créations.

Les Parisiennes s'occupèrent longtemps de ses magnifiques parures dont les diamants rivalisaient avec ceux de l'impératrice.

Irma Aubry débuta deux mois après avec succès dans *l'Ecole buissonnière*, de Lefranc et Labiche.

Sylvandire, comédie-vaudeville en quatre actes, à laquelle collabora Alexandre Dumas père, visait trop à l'esprit et fit baisser les recettes qui se relevèrent grandement avec *les Pommes de terre malades*, revue en cinq actes de Dumanoir et Clairville, jouée le 20 décembre 1845.

La Garde-Malade, jouée par Grassot ; *le Lait d'Anesse* qui fut un triomphe pour Levassor, et surtout *la Chambre à deux lits*, inénarrable pochade, jouée par Ravel et Alcide Tousez et, plus tard, par Lassouche et Hyacinthe, continuèrent les traditions de fou rire pendant l'année 1846 qui se termina par une revue de Dumanoir et Clairville, passés maîtres en ces sortes d'ouvrages. Celle-ci était intitulée : *la Poudre coton*.

Le 8 mai 1847, on jouait *Le Trottin de la modiste*, vaudeville en trois actes de Dumanoir et Clairville, pour les débuts d'Hyacinthe.

Coupart, qui fut un instant biographe, nous apprend que Louis-Hyacinthe Duflos, dit Hyacinthe, prit ses premières leçons de M. et Mme Fusil qui dirigeaient une classe d'élèves dramatiques.

Mᵐᵉ Louise Fusil a laissé d'intéressants mémoires sous le titre de : *Souvenirs d'une actrice*. Son mari se rangea pendant la Révolution parmi les plus ardents sans-culottes et lâcha la bride à sa jeune femme qui porta ses talents jusqu'en Russie. Elle assista à l'incendie de Moscou et passa la Bérésina avec la Grande Armée.

Hyacinthe quitta l'école du couple Fusil pour entrer au Théâtre des Jeunes-Elèves de M. Comte ; il prit de là son vol vers la province « où il ne tarda pas à avoir un avant-goût de cette joyeuse insouciante et honnête misère qui attend presque tous les commençants. »

Quelques mois après, il revenait à Paris et entrait à l'Ambigu qu'il abandonnait bientôt pour le Vaudeville ; mais il n'était pas encore là sur on véritable terrain, aussi saisit-il la première occasion qui lui fut offerte d'entrer aux Variétés.

Plusieurs des rôles qu'il y interpréta, celui, entr'autres, du Grand Faucheux dans *le Maître d'Ecole* et celui de Gringalet dans *les Saltimbanques* resteront comme d'inimitables créations.

Toutes celles qu'il a faites au Palais-Royal ont largement contribué au succès des pièces et ont marqué sa place parmi les comiques les plus amusants.

Après avoir défini l'artiste, Coupart, qui le con-

naissait à fond, nous parle de l'homme : « L'un
« n'est pas moins considéré que l'autre, dit l'ancien
« Régisseur : il vit tout à fait en famille au milieu
« de sa mère, de sa femme et de ses enfants, con-
« sacrant les rares loisirs que lui laisse son service.
« du théâtre à la culture des fleurs dont il a la
« passion. »

En même temps qu'Hyacinthe et dans la même pièce débutait Alice Ozy ; elle arrivait escortée d'une réputation de beauté et de femme à la mode.

Ses amis vinrent en masse pour l'applaudir ; l'un deux, dessinateur de talent, s'avisa de la représenter quelque temps après en bacchante échevelée, sablant le champagne au milieu d'adorateurs en demi-dieux ; le dessin portait cette légende :

« *Ozy noçant les mains pleines.* »

Le jeu de mots courut les ruelles et augmenta la réputation de l'actrice.

Le public, qui décidément avait pris goût aux revues de fin d'année, applaudit encore un *Banc d'huîtres*, revue de 1847, toujours de Dumanoir et Clairville.

Cette pièce tenait encore l'affiche quand éclata la révolution du 24 février qui eut pour conséquence la proclamation de la deuxième république.

Le théâtre du Palais-Royal jugea prudent, alors

que de tous côtés disparaissaient les emblèmes de la Royauté, que le Théâtre-Français redevenait le Théâtre de la République, de reprendre, lui aussi, son ancien nom de Théâtre Montansier. Mais Dormeuil et son associé Benou ne tardèrent pas à revenir « d'une alarme si chaude » et ils biffèrent courageusement, après les néfastes journées de juin et le rétablissement de l'ordre, le nom de l'illustre directrice.

Le titre de théâtre du Palais-Royal, consacré par d'éclatants succès, resplendit de nouveau sur l'affiche.

La Statue de la République, à-propos en deux actes, mêlé de danses et de tableaux vivants, de Dumanoir et Clairville, fut jouée le 15 juillet 1848.

On préconisait dans cette pièce de circonstance le gouvernement populaire ; mais les auteurs prouvèrent, peu de temps après, qu'ils étaient gens à crier tout aussi bien vive le Roi ! que vive la Ligue ! Leur revue de fin d'année, jouée en pleine réaction et intitulée : *Les Lampions de la veille et les Lampions du lendemain*, était une charge à fond de train sur le régime qu'ils avaient exalté quelques mois auparavant.

Bache, qui débutait dans cette pièce, personnifiait ridiculement un représentant du peuple.

Cet acteur était un original de première force, mais il n'était réellement amusant qu'à la ville.

Ses excentricités, qui auraient déridé un trappiste n'étaient pas applicables à la scène. Ses plaisanteries à froid ne portaient pas devant la rampe; mais que d'esprit au delà des becs de gaz !

Il ressemblait à Debureau, mais l'ensemble du visage avait plus de distinction et tenait plutôt de l'anachorète. Sa cravate blanche, ses cheveux toujours taillés en brosse, une petite calotte qu'il portait sous un large chapeau, ses vêtements noirs ajoutaient à l'illusion. On l'eût pris facilement pour un missionnaire échappé au scalpel d'un sauvage.

Il entrait dans les églises pour jouir du salut respectueux des dévotes et des sacristains. C'est lui qui répondit un jour au bedeau de Saint-Eustache, qui l'avertissait que l'heure était venue de fermer les portes : « Attends un peu, ma vieille, je ne fais qu'une petite prière de rien et je f... le camp. »

Bache qui, nous l'avons dit, n'était bon acteur qu'au delà de la rampe, ne fit que passer sur la scène du Palais-Royal. Il eut plus tard l'honneur d'émarger à la Comédie-Française à titre de pensionnaire, et Théophile Gautier ne craignit pas de lui faire jouer au Vaudeville son fameux *Pierrot posthume ;* il est vrai qu'il n'eut jamais pu trouver un autre acteur qui eut autant que Bache le physique de l'emploi.

Nous devons aussi mentionner à la même date l'apparition, sur la scène du Palais-Royal, de Suzanne Lagier dont le talent devait plus tard s'affirmer à l'Ambigu et qui se signala par quelques bonnes compositions musicales.

Nous citerons, entr'autres bonnes pièces jouées l'année suivante : *Embrassons-nous Folleville*, *Un Garçon de chez Véry* et *Un Monsieur qui suit les femmes* de Théodore Barrière et Decourcelle.

Les débuts de Céline Montaland, qui eurent lieu le 6 septembre 1850 dans *La Fille bien gardée*, vaudeville de Marc Michel et Labiche, firent sensation. Elle était née le 8 août 1844, ce qui lui constituait l'âge raisonnable de six ans et un mois.

Le théâtre eut dans tous les temps ses petits prodiges : Sophie Arnould, Mlle Mars, Mme Volnys, Déjazet, Aline Duval et bien d'autres encore abordèrent aussi la scène à l'âge où les petites filles savent à peine lire et n'ont guère souci que de leurs poupées.

La petite débutante, qui promettait d'être fort jolie et qui a tenu au delà de ses promesses, fut un moment la coqueluche de tout Paris ; on se rappelait l'avoir déjà vue toute mignonne au Théâtre-Français. Elle y était apparue à cinq ans et demi dans *Gabrielle* d'Émile Augier.

Les mêmes auteurs firent encore pour Céline

Montaland un vaudeville intitulé : *Mam'selle fait ses dents*. Cette pièce n'eut pas moins de succès que la précédente.

Le 14 août 1851 eut lieu la première représentation du *Chapeau de paille d'Italie*, vaudeville en cinq actes de Marc Michel et Labiche.

Cette pièce, qui passe à juste titre pour le chef-d'œuvre du genre et dont s'est emparé le Théâtre des Variétés, qui la joue dans ses moments de disette, fut représentée au Palais-Royal avec un ensemble qui n'a jamais pu être atteint au boulevard Montmartre.

Cette même année eurent lieu les débuts de Mme Thierret.

On ne vit jamais, croyons-nous, du côté du sexe faible, rien de plus cocasse et de figure plus complètement réjouie.

Elle avait une façon d'articuler qui n'appartenait qu'à elle et elle soulignait les mots avec tant de drôlerie qu'elle en centuplait la valeur. Les auteurs auraient pu lui appliquer ce que Voltaire dit un jour à Mlle Clairon : « Vous m'avez fait apercevoir dans « ma pièce des beautés que je n'avais pas même « soupçonnées. »

Elle avait, avec cela, de l'érudition, à ce point qu'elle aurait pu soutenir une thèse en Sorbonne et elle tirait l'épée comme Saint-Georges.

Après avoir souffleté un insolent, elle endossa des vêtements d'homme pour se battre en duel avec lui ; son adversaire fut mis hors de combat.

«Êtes-vous contente de votre rôle ? lui demanda un jour Lambert Thiboust qui venait de lire sa pièce aux acteurs.

« Parfaitement, répondit-elle, j'y serai, je crois, amusante et comme dit Isaïe : « *Et gaudebitis et exal-« tibitis.* »

Parmi les nombreuses pièces jouées vers cette époque, *Un Tigre du Bengale* de Brisebarre et Marc Michel a seulement survécu. Tout le monde connaît cet amusant vaudeville dans lequel se surpassèrent Sainville et Hyacinthe. *Tambour battant*, vaudeville de Théodore Barrière, Decourcelle et Moreau joué le 29 octobre 1851 par Ravel, Aline Duval et Mlle Cico, une transfuge des Variétés, obtint un grand succès.

Grassot tueur de lions «turlupinade en un acte par un Beni-zoug-zoug » disait l'affiche, mais dont l'auteur était Varin, fut joué le 15 novembre.

Le Palais-Royal s'était déjà signalé par des pièces à noms d'acteurs. C'est là certainement un grand honneur pour l'artiste, mais nous ne saurions approuver, bien que l'exemple vienne de loin, cette façon peu digne, selon nous, de fixer l'attention.

Mademoiselle Déjazet au sérail, Ravel en voyage, Gras-

sot embêté par Ravel, n'en furent pas moins fortement applaudis.

Le coup d'État du 2 décembre qui plongea le pays dans une profonde stupeur et qui mit en question ses destinées, n'empêcha pas les auteurs assermentés des revues de fin d'année, Dumanoir et Clairville, de poursuivre les répétitions de celle de 1851.

Celle-ci intitulée : *Les Crapauds immortels*, représentée le 10 décembre en pleine tourmente et alors que Paris était encore en état de siège, n'obtint qu'un médiocre succès.

Le 19 août 1852, on jouait pour les débuts de Brasseur, *Le Misanthrope et l'Auvergnat*, vaudeville en un acte de Lubize, Labiche et Siraudin.

Jules Dumont, dit Brasseur, arrivait en droite ligne des Folies-Dramatiques où il était entré après un stage à Belleville et aux Délassements-Comiques.

Son père, marchand de bois, dont le chantier était à Bercy et qui rêvait pour son héritier les plus hautes destinées, n'avait pu le voir, sans frémir, s'engager dans une carrière hérissée de tant d'écueils.

Nous tenions alors une assez bonne place parmi les auteurs des Folies-Dramatiques et nous fûmes de ceux qui, ayant foi dans le talent de Brasseur, versèrent un baume salutaire sur le cœur du brave négociant en lui faisant entrevoir les succès réservés à son fils dans un avenir prochain.

Le père Mourier, ce directeur légendaire, qui régnait alors en maître aux Folies-Dramatiques, ne confiait au jeune Brasseur que des semblants de rôles; il avait compris, l'habile homme, qu'il y avait en cet acteur des ressources infinies et qu'il fallait ménager s'il voulait le tenir sous sa dépendance.

Ce Machiavel des directeurs était l'ennemi des grands succès. Si un de ses artistes était acclamé dans une pièce, il lui donnait dans la pièce suivante un rôle absolument effacé.

En leur faisant ainsi comprendre qu'il pouvait se passer d'eux, il maintenait ses pensionnaires dans une modestie salutaire qui les empêchait de prétendre à des appointements plus élevés.

Il avait également une façon toute particulière de traiter les auteurs.

Quel que soit le succès de leurs pièces, elles avaient un égal nombre de représentations. Il en avait fixé le chiffre à quarante.

Il dit un jour à un auteur dont la pièce était tombée à plat et qui se désolait de son insuccès : « Je « l'ai trouvé bonne votre pièce puisque je l'ai reçue, « je la jouerai tout de même quarante fois.

« *Victrix causa Diis placuit, sed victa Catoni...* »

Malgré M. Mourier qui hésitait à le lancer, Brasseur tirait toujours parti de ses moindres créations.

Il nous souvient, dans un vaudeville de Cogniard frères et Bourdois intitulé : *la Chasse aux grisettes*, de lui avoir vu jouer un rôle de garde champêtre avec une telle fantaisie que la salle faillit crouler sous les applaudissements et les rires. Ce rôle qui n'avait que quelques lignes fit le succès de la pièce.

Un irrésistible et charmant bas-bleu, auteur d'un vaudeville qui avait eu Brasseur pour interprète, força, s'il nous en souvient encore, la fraction de la direction du Palais-Royal représentée par Benou, à venir voir jouer l'artiste des Folies. Il n'en fallut pas davantage pour que son engagement fut décidé.

Brasseur fut, sans contredit, l'un des acteurs les plus aimés du Palais-Royal qu'il ne quitta que pour se faire directeur.

Siraudin, l'un des auteurs de *Le Misanthrope et l'Auvergnat*, eut ses heures de célébrité. Il se fit confiseur et tout Paris voulut goûter à ses bonbons. Ses vaudevilles, dont quelques-uns ont survécu, sont aussi amusants que les meilleurs de Labiche et consorts. Il passait pour être le plus chauve des auteurs dramatiques.

Les Folies dramatiques, cinq actes de Dumanoir et Clairville furent jouées le 2 mars 1853.

Dans ce cadre épisodique les auteurs ont représenté tous les genres en s'attachant à leur côté ridicule. Le drame, la tragédie, l'opéra, le ballet sont tour à tour pris à partie.

Hervé fit pour cette œuvre fantaisiste une musique nouvelle qui contribua à son succès.

On joua, le 6 avril 1853, *Une Nichée d'Arlequins*, un acte de Cogniard frères.

Par une grave ironie du sort un prix de tragédie du Conservatoire fit son apparition dans ce vaudeville.

Sully-Lévy, c'est le nom du lauréat, avait vainement attendu ses débuts à la Comédie-Française et il avait, de guerre lasse, accepté un engagement au Palais-Royal. Il y donna des preuves d'une incontestable talent.

Le jeune comédien mérita, sur une autre scène, d'être remarqué par George Sand. Le grand écrivain, dans une lettre que nous avons eue sous les yeux, témoigne d'une grande estime non seulement pour le caractère mais aussi pour le talent de l'artiste.

Le Bourreau des Crânes, vaudeville en trois actes de Siraudin et Lafargue, fut représenté le 12 mai.

Cette joyeuse farce, qui est restée au répertoire, avait pour principaux interprètes Sainville et Ravel.

Pradeau et Montbars se sont fait tour à tour applaudir dans le rôle créé par Sainville. Hurteaux, qui joue aujourd'hui le rôle de Ravel, n'est guère moins amusant que son devancier.

Une rage de spiritisme qui, à cette époque, envahit un moment notre beau pays, inspira les auteurs de Revues. On joua le 10 décembre *L'Esprit frappeur ou les Merveilles du jour*, Revue de 1853, en cinq tableaux, de Cogniard frères, Clairville et Cordier.

L'année 1854 fut marquée par les débuts de Gil Pérez.

Qui se serait douté que l'artiste aux plaisanteries si fines, si spirituelles et parfois si bouffonnes, que le créateur de tous ces rôles désopilants, finirait de telle sorte que son nom n'inspire plus aujourd'hui qu'un profond sentiment de tristesse.

« A dire vrai, dit quelque part Claretie, dans les
« mots de Pérez on trouverait comme le grain qui
« détraque la machine. Sa plaisanterie était tou-
« jours singulière, paroxiste. »

Ce qui lui fit perdre la tête, c'est qu'on lui donna à entendre qu'il devait se résigner à ne plus jouer les amoureux. Le pauvre comédien qui devait pourtant se sentir vieillir, n'eut pas le courage de se *vieillir* en scène. Il recula devant cette idée de jouer les *vieux*, lui le jeune premier comique. Il y eut là une tempête sous un crâne tout à fait navrante et la maison d'aliénés fut au bout. »

Il eût fait en son temps, ajoute le spirituel chroniqueur, un excellent petit journaliste ; ses mots valaient les plus applaudis des comédies qu'il interprétait. C'est lui qui disait d'une de ses camarades du théâtre, Mlle Brassine, croyons-nous :

— Puisqu'elle fait dire qu'elle n'est pas chez elle quand elle y est, je la trouverai peut-être un jour qu'elle sera sortie !

On joua, peu après ses débuts, deux petits chefs-d'œuvre, dont il assura le succès : *Le Baiser de l'étrier*, vaudeville d'Ancelot, Brisebarre et Nyon et *Histoire d'un sou*, vaudeville de Clairville et Lambert Thiboust.

Lambert Thiboust dont nous aurons à reproduire le nom plus d'une fois et qui fut l'un des auteurs les plus spirituels et les plus favorisés de notre théâtre, avait, ainsi que Clairville, essayé ses forces comme acteur avant de prendre sa volée comme vaudevilliste.

Il était lauréat du Conservatoire et débuta à l'Odéon dans le rôle de Figaro du *Barbier de Séville*. Personne, de son avis, ne fut plus mauvais acteur que lui. Aussi abandonna-t-il bientôt une carrière où il n'obtint que des insuccès.

N'est-ce pas lui qui, jouant Théramène, osa remplacer le fameux récit, qu'il trouvait beaucoup trop long, par ces deux vers de son invention :

« D'Hippolyte, seigneur, oyez la triste fin :
« Il est mort dévoré par un monstre marin. »

Quelques-uns ont attribué à Albert de Glatigny ce distique, mais Lambert Thiboust en a, nous assure-t-on, revendiqué la paternité.

Une pièce, qui a son importance puisqu'elle fixe l'âge d'une de nos plus charmantes actrices, fut représentée le 1er août 1854. Cette œuvre indiscrète est intitulée : *Une Majesté de dix ans*.

Céline Montaland avait pour la circonstance revêtu le costume de Louis XV.

On reprit à cette époque et pour les débuts de Prosper Gothi, un excellent comique qui devait, peu de temps après, prendre son vol vers la Russie. le fameux vaudeville de Désaugiers : *Le Dîner de Madelon*.

Les Binettes contemporaines furent représentées le 23 décembre et terminèrent heureusement l'année 1854.

Commerson, rédacteur en chef du *Tintamarre*, qui publiait alors une série d'articles sous ce titre fut naturellement l'un des auteurs de cette revue.

Ce vaudevilliste, original s'il en fut, atteignit d'un seul bond, ainsi qu'Alcibiade, aux plus hautes cimes de la popularité.

La révolution de 1830 qui le surprit sur sa chaire

de professeur, n'ayant pas répondu à ses aspirations, il ne cessa de le témoigner par ses leçons d'histoire *ad usum Republicanorum*.

Le Gouvernement de juillet s'empressa de le destituer.

Le lendemain de sa révocation on vit l'ex-professeur installé sur les marches du Pont-Neuf avec une boîte de décrotteur surmonté de cet écriteau :

« Commerson, agrégé de l'Université, destitué « pour ses opinions républicaines, en est réduit à « cirer les bottes de ses concitoyens... Qu'on se le dise !... »

On se le dit si bien qu'une foule énorme accourut pour contempler la *binette* du professeur dégommé.

Comme le flot allait grossissant et que cela pouvait tourner à l'émeute, la police fit cesser ce scandale.

Depuis ce jour, à jamais mémorable, la France compta un journaliste et un vaudevilliste de plus. Les petites causes produisent toujours de grands effets.

On joua, le 10 février 1855 pour les débuts d'Henri Monnier : *Le Bonheur de vivre aux champs* et *Le Roman chez la Portière*.

Le créateur de Joseph Prudhomme arrivait au Palais-Royal avec une réputation parfaitement établie. Ses dessins, à bon droit populaires, l'avaient placé sur le rang de Daumier, de Cham, de Gavarni lui-même ; son passage à l'Odéon et au Vaudeville l'avaient sacré comédien.

Le jour où il osa se risquer sur la scène pour la première fois, ses nombreux amis, venus pour le soutenir, étaient littéralement dans des transes.

« Quand je le vis entrer, comme un acteur ordi-
« naire, dit Jules Janin, je sentis que le frisson
« me gagnait ; j'ai eu peur quand j'ai vu cet esprit
« si fin, si délié, aux prises avec le public des
« théâtres. »

Mais la crainte ne fut pas de longue durée ; on trouva qu'il n'y avait rien de changé que les procédés de l'artiste. Il procédait par le dessin, il procéda par le costume.

C'était un comique à part qui n'avait consulté aucune tradition qui n'avait fait aucune étude du théâtre. Il fut à lui-même son poète et son comédien tout ensemble.

Il avait collaboré, bien entendu, à ses deux pièces de début et s'était taillé dans chacune d'elles un rôle à sa convenance. Ce fut celui de Mme Desjardins dans *Le Roman chez la portière* qu'il joua avec le plus de perfection. Il était admirablement secondé dans cette amusante pochade par Brasseur et René

Luguet. Ce dernier fut inimitable dans le rôle de la Lyonnaise.

Le Gendre de M. Pommier, vaudeville en trois actes de Siraudin, Delacour et Morand, inspiré par la fameuse comédie d'Émile Augier et Jules Sandeau : *Le Gendre de M. Poirier*, fut joué, le 10 septembre 1855, avec un ensemble parfait par Grassot, René Luguet Mmes Charlotte Dupuis et Dinah. Cette dernière, d'une rare beauté, arrivait des *Folies-Dramatiques*.

La revue de cette année, de Lambert Thiboust et Delacour, avait cette fois emprunté son titre à une chansonnette que Joseph Kelm, le chanteur populaire, avait mise à la mode; elle était intitulée: *Le Sire de Framboisy*. Cette revue eut le succès de ses aînées.

La naissance et le baptême du Prince Impérial donnèrent lieu, en 1856, à deux pièces de circonstance : 101 *Coups de canon* de Clairville et Siraudin et *Les Dragées de Baptême* de Siraudin et Delacour ; il est vrai que Dormeuil fut, ainsi que tous ses confrères, gracieusement invité par Camille Doucet, qui trônait alors à l'administration des Beaux-Arts, à fêter ces grands événements.

Les auteurs furent d'ailleurs gratifiés, sur la proposition de l'aimable fonctionnaire, de superbes médailles en argent d'une valeur intrinsèque de vingt-cinq francs.

L'ancien Directeur général des théâtres a laissé les souvenirs d'un administrateur émérite.

Nul ne sut mieux que lui distribuer l'eau bénite de Cour. Il évinçait les solliciteurs avec tant de grâce et avec de si touchantes poignées de main que ceux-ci, quoique blacboulés, sortaient de ses audiences littéralement enchantés.

Cela fit dire à Samson qui l'aperçut un jour se dirigeant vers le foyer de la Comédie-Française : « Voici venir M. Doucet avec son horrible bienveillance. »

Le mot est resté.

Cette aménité caractéristique lui conquit tous les cœurs ; c'est à elle, vraisemblablement, qu'il doit d'être aujourd'hui l'un des quarante. Son bagage littéraire, qui ne se compose que de quelques comédies absolument inconnues, n'aurait certainement pas suffi pour lui ouvrir les portes de l'Institut.

Quand il fut nommé, Balzac et Alexandre Dumas père vivaient encore.

« Il devait être fort agréable pour ces grands écrivains, dit quelque part Prévost Paradol, d'entendre le public s'étonner qu'ils ne fissent point partie de l'Académie française, tandis qu'on ne s'expliquait pas comment certaines infériorités pouvaient en être. »

On demanda un jour à Lhéritier quelle différence

il y avait entre Camille Doucet et Grassot : « Il n'y
« en a pas, répondit notre comédien, ils ont tous les
« deux leur jeune homme. »

Un Jeune Homme est le titre d'un drame en deux
actes de l'estimable académicien, représenté en
1842. Qui peut se flatter de l'avoir lu ?

« ... Je vous prie de recevoir l'expression de ma
« gratitude pour la bienveillante indulgence avec
« laquelle vous avez accueilli mon *jeune homme*,
« écrit-il à un critique influent (1). Le père et l'en-
« fant vous remercient. »

Si jamais je te pince et *Mesdames de Montenfriche*
furent, en cette année de liesse, les pièces de résis-
tance ; elles étaient encore dues à la plume de Marc
Michel et Labiche.

Nous signalerons aussi *La Sarabande* une des premières et des plus agréables pièces de Meilhac.

Henri Meilhac, qui s'était déjà affirmé comme auteur dramatique, n'avait pas encore tendu la main à
Ludovic Halévy. Celui-ci, qu'un vaudeville fort médiocre, qu'il avait fait jouer sans succès aux Folies-
Dramatiques, n'avait nullement encouragé, n'aspirait
guère alors qu'aux hauteurs administratives. Fils
d'un littérateur distingué et neveu d'un grand compositeur toutes les portes s'ouvrirent devant lui. On

---

(1) CHARLES MAURICE. — *Histoire anecdotique du théâtre.*
Tome II, p. 232.

le nomma d'emblée chef de bureau au Ministère de l'Algérie et des colonies et il se serait certainement éternisé dans ses fonctions bureaucratiques si, fort heureusement pour lui, la suppression de ce ministère ne l'eût mis à pied. C'est alors que reparut le vaudevilliste et qu'il devint le collaborateur d'Henri Meilhac.

Les deux associés abordèrent heureusement tous les genres et brillèrent même dans l'opérette. Ils étaient loin de se douter, alors qu'ils travestissaient l'Iliade dans *La Belle Hélène*, que les puristes de l'Académie française leur réserveraient un jour un fauteuil à côté d'eux. Henri Meilhac, dont la modestie égale le talent, n'a fait aucune tentative pour s'emparer de ce siège qu'occupe fort dignement, du reste, son heureux collaborateur.

Le 29 novembre 1856 eurent lieu, dans *L'Humoriste*, les débuts d'Arnal.

Il arrivait du Vaudeville avec son joyeux répertoire.

L'Homme blasé, Passé Minuit, Le Supplice de Tantale, Un Bal du grand monde, Le Poltron, A la Bastille, Riche d'amour, Les Gants jaunes, La Mansarde du crime, Les Cabinets particuliers furent successivement repris et retrouvèrent au Palais-Royal un regain de succès.

Ces pièces sont dues pour la plupart à la collaboration de Duvert et Lauzanne.

Arnal est un des artistes dont la vogue s'est le plus longtemps maintenue. Sa réputation avait franchi le détroit et il était à Londres presque aussi populaire qu'à Paris.

Dans une lettre écrite au *Courrier des Théâtres* et datée du 4 juillet 1845 il rend compte ainsi de l'accueil enthousiaste qui lui fut fait sur les bords de la Tamise.

« ... J'ai joué avant-hier, dit-il, dans une repré-
« sentation des plus brillantes. La reine Victoria,
« le prince Albert, le roi et la reine des Belges y as-
« sistaient, ainsi que la plus haute noblesse de Lon-
« dres. De ma vie je n'avais vu une salle de spec-
« tacle aussi belle. La reine d'Angleterre avait
« demandé *Passé minuit*.

« Quand elle vint faire une visite à Louis-Phi-
« lippe au château d'Eu, le roi, voulant un specta-
« cle amusant, avait demandé *Passé Minuit* et
« *L'Humoriste*... Il paraît que la reine s'est souvenue
« de ce jour-là. Mon caleçon ne l'a nullement ef-
« frayée et elle a ri comme une simple bourgeoise.
« Le public riait autant de la voir rire que de la
« pièce. »

Arnal, avant d'aborder le théâtre, s'était signalé par quelques pièces de vers fort agréables. On lui doit, entre autres, ce joli petit conte que nous trouvons dans un recueil daté de 1822 :

« Un jour, au sortir d'une école,
J'aperçois un enfant qui crie et se désole :
Je m'approche de lui. « Mon petit qu'avez-vous ? »
— Ah ! j'ai l'âme bien chagrinée,
Me dit-il ; j'ai perdu la pièce de dix sous
Que ma mère m'avait donnée :
— Cessez mon bon ami, de vous désespérer ;
C'est un petit malheur facile à réparer :
Tenez prenez cette autre pièce. »
L'enfant sourit d'abord, puis reprend sa tristesse.
« Eh bien, qu'avez-vous donc ?... Encore du chagrin !
— Eh mais, Monsieur, dit-il, voici pourquoi je pleure :
Si je n'avais pas, tout à l'heure,
Perdu dix sous, j'en aurais vingt. »

Une parodie de *La Fiammina* fut jouée le 2 mai 1857 sous le titre de *La Gammina* et obtint un grand succès de rire qui se continua avec *Les Noces de Bouchencœur* et quelques autres vaudevilles étourdissants de gaieté. La plus amusante de ces *folies* était : *L'affaire de la rue de l'Ourcine* de Labiche, Édouard Martin et Albert Monnier.

Une revue de Lambert Thiboust et Delacour termina encore l'année : elle était intitulée : *Les Vaches landaises* par allusion à des courses, à l'instar des corridas espagnoles, qui avaient été exécutées à l'Hippodrome par ces femelles inoffensives.

Arnal apparut en 1858 dans deux pièces nouvelles qui n'ajoutèrent rien à sa réputation : *Le Hanneton du Japon* de Duvert et Lauzanne et *La Chasse aux Biches* de Clairville et Lambert Thiboust.

Il était secondé dans ce dernier vaudeville par Mlle Boisgontier qui venait d'être engagée et qui touchait alors à la quarantaine.

La Boisbois, comme l'appelaient ses camarades était une réminiscence de Mlle Flore. Elle aurait obtenu, comme celle-ci, des succès dans les rôles poissards si ce genre n'eut pas été passé de mode.

Elle avait eu « équipage, dentelles et diamants »; mais, ainsi qu'elle le disait en son langage imagé, elle avait « tout bazardé dans un moment de dèche. » Il ne lui restait plus de son ancienne splendeur que le souvenir du bien qu'elle avait fait et ce fonds de joyeuse humeur qui n'appartient qu'aux excellents cœurs.

Elle avait eu, dans son printemps, la passion de la cigarette qu'elle roulait avec la dextérité d'un hidalgo ; elle fuma le cigare dans l'âge mur et elle finit en culottant des pipes avec la réputation de la meilleure fille du monde.

Brasseur eut, en cette année, l'honneur de la pièce nominative. On représenta le 20 avril 1858 : *Une soirée chez Brasseur*.

Cette pochade, jouée par Brasseur et Gil Pérez, ne fut qu'un long éclat de rire ; elle était d'Amédée de Jallais, un aimable vaudevilliste qui descend en droite ligne de l'illustre Font-Réaux, cet échevin de Limoges qui remit à Louis XI les clefs de la ville assiégée et reçut du roi, en récompense de sa fidélité, avec le titre de comte, la seigneurie de Jallais, située entre Limoges et Confolens.

Les armes parlantes des Font-Réaux de Jallais sont d'azur avec un soleil d'or et portent cette devise : *a Fronte lux*.

On reprit le 2 mai 1858 *Les Cuisinières*, de Brazier et Dumersan ; mais *travesties* et arrangées ou plutôt dérangées par Siraudin.

Réné Luguet, Brasseur, Michel, Lassouche et Delannoy firent assaut de verve sous le cotillon.

Ce fut Réné Luguet qui joua le rôle de Victoire, créé aux Variétés par Mlle Flore et qui chanta le fameux :

« *Grenadier que tu m'affliges...* »

qui fut autrefois ce que nous appelons aujourd'hui le clou de la pièce.

Le rôle de la mère Michel était joué par Delannoy ; celui de La Bourguignotte par Lassouche. Le premier, malgré son incontestable talent, ne put s'acclimater au Palais-Royal ; le second, au contraire, y fut immédiatement adopté et y séjourna plusieurs années. « Si Delannoy n'a pas réussi au Palais-Royal, a dit Henri Monnier de cet excellent comédien, c'est la faute du cadre : sa tête s'est perdue dans les frises et la plus grande partie de son talent est dans sa physionomie. »

Lassouche peut jurer sur sa foi de gentilhomme. Son vrai nom est Bouquin de La Souche. Il y eut, assure-t-il, un Bouquin, seigneur de La Souche et autres lieux, qui s'illustra à la prise de Césarée par Saint-Louis. Ce fut vraisemblablement le glorieux ancêtre de notre acteur. Celui-ci, dont le père était libraire, boulevard Saint-Martin, n° 3, naquit au milieu des livres ; il en est devenu un fervent bibliophile.

Cet émule de Janot, qui excelle dans les Queues-Rouges, possède une certaine érudition ; — il donnerait des leçons de littérature, si le public cessait un jour d'être séduit par son jeu spirituel et son nez à la Roxelane.

La direction du Palais-Royal ne négligeait rien pour tenir son public en éveil.

Les débuts de Lassouche et de Delannoy furent, à peu de distance, suivis de ceux de Pradeau et d'Hortense Schneider.

Cette dernière qui s'imposa plus tard aux Variétés comme une étoile de premier ordre et qui personnifia si bien la *Belle Hélène* et la *Grande Duchesse de Gerolstein* qu'elle ne put jamais être égalée dans ces deux rôles, fit sa première apparition au Palais-Royal, le 11 septembre 1858, dans *Jeune Poule* et *Vieux Coq*, opérette en un acte, paroles d'Hippolyte Lefebvre, musique de Louis Abadie.

Pradeau débuta le 3 novembre 1858 dans *Un grain de Café*, vaudeville en 3 actes, de Marc Michel et Labiche. Le public l'applaudit malgré la pièce qui fut jugée très faible. *Le Calife de la rue Saint-Bon* des mêmes auteurs, joué le mois suivant fit mieux ressortir les précieuses qualités, et le naturel exquis qui font de cet acteur un de nos comédiens de premier ordre.

Nos troupes victorieuses venaient d'entrer à Pékin et la Revue de 1858 eut pour titre : *En avant les Chinois*. Celle-ci, due à la collaboration de Labiche et Delacour, n'avait qu'un acte et passa inaperçue.

On joua le 2 février 1859, avec un très grand succès, *Ma Nièce et mon Ours*, vaudeville en 3 actes, de Clairville et Frascati. Frascati était le pseudonyme du fondateur du *Petit Journal*, Polydore Millaud.

On applaudit l'œuvre de l'illustre financier qui n'avait encore remporté que des succès à la Bourse et qui débutait à 60 ans au théâtre par un coup d'éclat.

La représentation des *Gens nerveux*, comédie en 3 actes, de Théodore Barrière et Victorien Sardou, qui eut lieu le 4 novembre 1859, causa une immense déception. Les caractères que les auteurs avaient essayé de peindre et qui se prolongeaient outre mesure finirent par énerver les spectateurs qui firent chorus pour siffler. Ce fut là, pour nous servir de l'expression consacrée, une erreur de deux hommes d'esprit.

Sardou, dont le nom figurait pour la première fois sur les affiches du Palais-Royal, avait déjà donné des preuves de son incontestable talent.

On lui reproche, il est vrai aujourd'hui, « de prendre son bien où il le trouve » et on crie presque toujours : « Au voleur ! » quand il paraît de lui une œuvre nouvelle ; mais ses larcins prennent une forme si agréable que le public, seul juge en cette matière, les lui pardonne aisément.

On sait combien les commencements du futur académicien furent difficiles et toute la peine qu'il eut à percer.

Les Pattes de Mouches établirent sa réputation.

Il dut la réception de cette pièce à sa première femme, une modiste qui avait été actrice à l'Odéon sous le nom de Laurentine.

Voici comment la chose se passa :

Après le succès de *Monsieur Garat*, elle alla, sans en rien dire à son mari, trouver Rose-Chéri, le manuscrit des *Pattes de Mouche* à la main ; elle lui expliqua les luttes terribles de l'auteur, les efforts de sa femme, devenue par la rigueur des temps faiseuse de chapeaux ; elle sut, en un mot, si bien intéresser la sympathique et charmante directrice du Gymnase, que celle-ci lui promit de lire la pièce, qui contient, lui assure Laurentine un joli rôle de femme, et de la faire recevoir, si ce rôle lui plaît ; il lui plut en effet, car, dès le lendemain, Rose-Chéri se rendait chez Victorien Sardou pour lui annoncer la réception de sa pièce ; en même temps elle commandait un chapeau à sa femme.

Laurentine était la fille du comte Moisson de Brécourt qui fut un moment, sous le nom de Léon, trial à l'Opéra-Comique. Nous l'avons connu régisseur de la scène aux Folies-Dramatiques du temps du père Mourier ; il mourut nonagénaire et pensionné par son gendre. C'est de lui que nous tenons cette anecdote.

CHAPITRE VI

Léon Dormeuil et Plunkett. — *Les Mémoires de Mimi-Bamboche* — Rigolboche. — *La Mariée du Mardi-Gras* — Débuts de Priston. — *Nos Intimes* de Victorien Sardou et *Les Intimes* de Duvert et Lauzanne. — Frédéric Lemaître. — Débuts de Geoffroy, — de Mlle Alice Théric. — *Célimare le bien-aimé.* — *Les Diables roses.* — Débuts de Berthelier. — *La Cagnotte.* — *Les Pommes du voisin.* — Débuts de Mlle Honorine. — *Les Mémoires de Thérésa.* — Débuts de Mlle Massin.

Le vaudeville de nos pères, celui que créa « le Français né malin » commençait à être traité de rococo par les nouvelles couches ; la pointe de ses couplets quelque effilée qu'elle fût n'était plus saisie qu'à moitié. Le théâtre qui portait ce nom joyeux, le théâtre de Désaugiers, avait lui-même dit adieu à ses gais flonflons ; il jouait *La Dame aux camélias*, *Les Filles de marbre*, *Les Parisiens de la décadence*. Sur d'autres scènes l'opérette faisait irruption. Il se produisait évidemment une révolution dans l'art dramatique.

Dormeuil se trouva quelque peu dérouté ; il lui parut que ses fonctions de juge au tribunal de commerce devaient suffire à son activité. Il avait, d'ailleurs, comme maire de sa commune, des prétentions à la croix d'honneur et il lui semblait que son titre de directeur de théâtre lui barrait le chemin qui mène droit à cette distinction.

Dans cette situation, il céda sa place à son fils Léon. Benou accompagna son associé dans sa retraite et fut à son tour remplacé par Plunkett, ex-directeur du théâtre bruxellois des Galeries Saint-Hubert.

Tout cela se fit avec l'approbation du ministre qui avait encore dans ses attributions les nominations des directeurs de théâtre.

Léon Dormeuil et Plunkett n'eurent qu'à faire quelques concessions aux tendances nouvelles ; ils donnèrent moins de place aux vieux *pont-neufs*, jouèrent de temps en temps des *vaudevilles sans couplets*, sacrifièrent même quelquefois à l'opérette et tout continua à marcher quelques années encore comme sur des roulettes.

L'année 1860, année de la prise de possession des

nouveaux directeurs, fut marquée par plusieurs succès. Nous signalerons *La Sensitive*, comédie en 3 actes de Labiche et Delacour, jouée le 15 mars avec Arnal pour principal interprète et *Les Mémoires de Mimi-Bamboche*, 3 actes, de Grangé et Lambert Thiboust, joués le 30 juillet.

Hortense Schneider se surpassa dans cette amusante pochade qui eut l'insigne honneur d'être représentée deux fois devant la cour. Le Cancan que dansait la célèbre artiste avec une entraînante désinvolture fut certainement la cause du *revenez-y* de leurs Majestés.

Mimi-Bamboche personnifiait ici la fameuse Rigolboche dont les mémoires venaient d'être publiés. Celle-ci avait fait les délices des *Délassements-Comiques* avec sa danse échevelée, avec ses lancements de jambe qui décoiffaient son vis-à-vis. On ne se serait jamais douté en voyant ses déhanchements tortillés que c'était là « la chanteuse au tour « étrange et séduisant, dont parle Théodore de « Banville, la belle fille nageant à Bougival comme « une nayade et éblouissant *Mabille* de ses traines « orgueilleuses (1). »

On joua peu de temps après *Le Serment d'Horace* de Murger et Lambert Thiboust. C'est là un des

(1) *Mes Souvenirs* par Théodore de Banville, page 105.

trois ou quatre petits chefs-d'œuvre dramatiques auxquels a attaché son nom le chantre de Musette, le sympathique auteur des Scènes de la vie de Bohême.

La Mariée du Mardi-Gras, de Grangé et Lambert Thiboust, jouée en 1861, en plein carnaval, fut encore un triomphe pour Hortense Schneider.

Arnal fit le 31 mars de cette année ses adieux au public du Palais-Royal dans Les Cabinets particuliers, une des plus amusantes pièces de l'ancien répertoire du Vaudeville de la rue de Chartres.

Priston qui débuta à cette époque n'eut pas à regretter d'avoir quitté le Gymnase, le public l'accueillit comme un des siens et il prit place, le premier jour, parmi les meilleurs de nos amoureux comiques.

On reprit le 8 décembre 1861 Les Intimes, joués précédemment au Vaudeville. Le public put se convaincre que Nos Intimes de Victorien Sardou, qui venaient d'être représentés au Gymnase avec un grand succès, roulaient sur le même sujet. Il était évident que l'auteur s'était inspiré de la charmante pièce de Duvert et Lauzanne.

Une tentative des plus audacieuses devait signaler l'année 1862. Nous voulons parler de l'apparition de Frédéric Lemaître, sur la scène du Palais-Royal. L'ombre de la Montansier dut en tressaillir d'orgueil, mais les gens soucieux de la gloire du plus grand talent dramatique de notre temps ne purent s'empêcher d'en éprouver un grand serrement de cœur.

Celui qui « avait été créé et mis au monde pour « exprimer tous les emportements de l'âme hu-« maine, dit Jules Janin, celui qui tenait son audi-« toire haletant sous le feu sombre de son regard » osa revêtir le carrick de Bilboquet et se montrer dans *Les Saltimbanques*. Il avait bien endossé, dira-t-on, les haillons de Robert Macaire, mais ce ne fut là qu'une fantaisie rêvée dans son vaste cerveau et pour laquelle il n'avait pas à redouter des points de comparaison, tandis qu'il allait, de gaîté de cœur, être mis en parallèle avec un bouffon qui n'avait cessé de ramper dans les fonds du plus bas comique et qui n'avait dû ses meilleurs succès qu'à sa bêtise incarnée.

L'essai fut des plus malheureux, l'habit façonné pour Odry, ne pouvait s'adapter à un comédien de grande taille, à un artiste de génie ; on plaignit Frédéric Lemaître d'avoir seulement voulu l'essayer.

La faute en fut aux directeurs, qui n'auraient jamais du se rendre complices d'une semblable profanation.

Ils furent certainement beaucoup mieux inspirés en engageant Geoffroy, un de nos comédiens les plus sympathiques et les plus justement applaudis.

Il avait pris le théâtre, malgré sa famille qui en avait fait un ouvrier bijoutier et il commença, comme tant d'autres, dans une troupe vagabonde, une de ces troupes dans lesquelles les malheureux engagés ne sont, le plus souvent, payés qu'en monnaie de singe ou, ce qui revient à peu près au même, au prorata des recettes. Mais notre acteur n'y regardait pas de si près ; il avait le feu sacré, la véritable vocation qui permet de tout supporter.

Il parcourut la province, l'étranger même, revint à Paris, sans pouvoir s'y fixer et alla jouer à Rouen où il se fit enfin remarquer. C'est de là qu'il vint au Gymnase.

La lettre suivante, datée du 9 janvier 1845, qu'il écrivit au directeur du *Courrier des Théâtres*, démontre toute la peine qu'il eut à s'implanter au boulevard Bonne-Nouvelle :

« Vous m'avez souvent dit, cher Monsieur Mau-
« rice : lorsque vous aurez un rôle dans vos moyens,
« j'irai vous voir. Eh bien ! il paraît que celui que
« je joue dans *Rebecca* (1) me convient.

« J'ai idée que, si vous êtes satisfait après m'avoir
« vu, cela me portera bonheur et remuera un peu
« l'indifférence à mon égard.

« Si je suis importun, n'en accusez que l'intérêt

(1) *Rebecca*, vaudeville en 2 actes, de SCRIBE.

« que vous m'avez témoigné jusqu'à présent, c'est
« lui seul qui me fait agir..... »

Le journaliste fut sensible à cette lettre : il secoua
si bien l'indifférence dont se plaignait son protégé
que celui-ci ne compta plus dès lors que des succès.
Le dernier qu'il obtint au Gymnase dans *Le Voyage
de M. Perrichon* ne saurait être oublié. C'est parce
qu'on s'obstina à lui faire jouer cette pièce en lever
de rideau, tandis qu'elle composait tout le spectacle
avec *Les Pattes de mouche*, qu'il résilia son engagement avec M. Montigny.

Le Palais-Royal s'empressa de lui ouvrir ses
portes. Il y débuta, le 8 octobre 1862, dans *Une
Corneille qui abat des noix*, 3 actes, dus à la spirituelle collaboration de Théodore Barrière et
Lambert Thiboust. Il fut littéralement acclamé.

Il était secondé dans cette pièce par Lhéritier,
Gil-Pérez, Lassouche, Priston, Fizelier et par
Mmes Martine, de Ribeaucourt, Kleine et Alice
Théric.

Cette dernière avait été engagée à l'Odéon, au
sortir du Conservatoire, pour jouer dans la *Sapho*,
de Philoxène Boyer. Elle y apparaissait « avec un
« peplos rose sur ses épaules de neige. » C'était
alors, dit un témoin de la céleste apparition, « un
« merle blanc, un phénix, une merveille, la vraie
« statue grecque, animée depuis cinq minutes, au

« front lisse, aux joues superbes, aux traits régu-
« liers..... Son visage était comme un tas de roses
« et son cou ressemblait à une tour d'ivoire (1)..... »

Bien que quelques années eussent passé sur ce radieux visage quand il apparut au théâtre du Palais-Royal, il était encore assez séduisant pour qu'une tête couronnée se courbât devant lui. Mlle Théric ne résista pas, assure-t-on, aux propositions alléchantes qui lui furent alors transmises par le surintendant des théâtres de la Cour, chargé, comme toujours en pareille circonstance, de porter la parole au nom de son souverain.

La future Grande duchesse de Gérolstein avait eu, cette même année, les honneurs de la pièce nominative : *Un punch chez Mademoiselle Schneider*, confectionné par Grangé, Jules Moineaux et Lambert Thiboust, flamba pendant quelques soirées aux applaudissements « d'une salle enthousiaste. »

L'année 1863 fut des plus heureuses : *Célimare le bien-aimé*, 3 actes, de Labiche et Delacour ; *Le Brésilien*, 1 acte, d'Henri Meilhac et Ludovic Halévy ; *Les Diables roses*, 5 actes, de Grangé et Lambert Thiboust, firent constamment salle comble.

Berthelier, qui débuta le 22 janvier 1863, dans *Jean Torgnole*, vaudeville en un acte des deux derniers,

---

(1) *Mes Souvenirs*, par Théodore de Banville, p. 355.

ne fit, malgré son succès, qu'un court séjour au Palais-Royal. Sa voix, qui se prête merveilleusement au genre bouffe, le poussa vers les théâtres consacrés spécialement à l'Opérette.

Mlle Chrétienno, qui devint l'une des étoiles les plus assourdissantes de l'Eldorado, débuta sans succès, le 26 juin 1863, dans *Les Mystères de l'hôtel des ventes*, 3 actes, d'Albert Wolf et Henri Rochefort.

Ces deux auteurs qui ne s'accordent guère aujourd'hui sur le terrain brûlant de la politique, s'entendaient parfaitement alors à dénouer une action dramatique. On est forcé de regretter qu'ils n'aient pas mis plus souvent en commun cette somme de joyeuse humeur, cet esprit gaulois qui est le fond de leur tempérament et qui éclate dans cette dernière pièce.

On joua le 23 février 1864 *La Cagnotte*, 5 actes, de Labiche et Delacour. Cette pièce dérive du fameux *Chapeau de paille d'Italie*. C'est encore une course à fond de train à travers l'impossible et d'où découlent les situations les plus extravagantes. Le succès fut des plus grands.

Les Pommes du Voisin, comédie en 3 actes, de Victorien Sardou, jouée le 15 octobre 1864, furent assez froidement accueillies. On attendait beaucoup mieux de l'auteur des *Pattes de mouche*.

Mlle Honorine, fraîchement débarquée de Marseille où elle laissait de profonds regrets, débuta dans cette pièce qui avait pour interprètes : Geoffroy, Lhéritier, Réné Luguet et Lassouche.

Les Jocrisses de l'Amour, 3 actes, de Théodore Barrière et Lambert Thiboust, furent joués le 31 janvier 1865.

Des caractères habilement tracés, de l'esprit à revendre, ne purent élever cette pièce qu'à la hauteur d'un succès d'estime.

Les *Mémoires de Thérésa*, publiés à cette époque et attribués à deux hommes d'esprit, donnèrent lieu aux *Mémoires de Réséda*, « souvenirs contemporains » d'Albert Wolff, Henri Rochefort et Ernest Blum.

Dans ce vaudeville, représenté le 4 mars 1865, les auteurs retraçaient les traits les plus piquants de la vie si accidentée de la chanteuse populaire dont le talent n'a fait que grandir depuis.

On sait que l'illustre critique Fiorentino ne sut la comprendre ; il l'appelle la *Rigolboche* de la chansonnette ; mais Gounod, qui l'apprécie à sa juste valeur, dit, quelque part, en parlant d'elle : « Elle
« phrase comme personne au monde et personne
« n'a pour chanter une meilleure méthode, si ce
« n'est Mme Viardot. »

Thérésa a mérité, d'autre part, et ce n'est pas un mince éloge, que Veuillot lui consacrât quelques lignes dans ses *Odeurs de Paris*. Le rédacteur en chef de l'*Univers*, qui n'a pas dédaigné d'aller l'entendre, constate l'enthousiasme qu'elle excite ; mais comme s'il avait honte de s'être laissé lui même charmer par une étoile de café-concert, le pieux écrivain ajoute aussitôt « où diable le talent va-t-il se nicher ? »

Le Supplice d'un homme, 3 actes, de Grangé et Lambert Thiboust, fut joué le 12 juillet 1865.

Cette pièce, on le devine, était la contre-partie du *Supplice d'une femme*, la fameuse comédie d'Émile de Girardin, dont le remaniement, par Alexandre Dumas fils, suscita de si vives protestations de la part du grand publiciste.

La Bergère de la rue Monthabor, 4 actes, de Labiche et Delacour, représentée sans succès le 1er décembre, fit ressortir toute la grâce et les précieuses qualités de Mlle Massin, qui débutait dans cette pièce.

Nous signalerons également les débuts de Mlle Paurelle, la plus jolie et la plus gracieuse des Anciens *Délassements comiques*, dans une pièce épisodique de Clairville et Grangé, intitulée : *La Gazette des Étrangers*.

On joua le 10 mai 1866 *Le Chic*, comédie en 3 actes, de Théodore Barrière et Lambert Thiboust et le 21 août *Un Pied dans le crime*, 3 actes, de Labiche et Adolphe Choler.

CHAPITRE VII

Le Myosotis. — La Vie parisienne. — Mlle Zulma Bouffar.
— Débuts de Gobin, — d'Alphonsine, — de Lacombe. —
Le Carnaval d'un merle blanc. — Débuts de Mlle Julia
Baron. — Adolphe Choler, directeur. — Fillion, régisseur général. — *Gavaut, Minard et Cie.* — Débuts de
Mlle Silly, — de Blanche d'Antigny. — Représentation au
palais de Compiègne. — *Le plus heureux des trois.* —
Le Palais-Royal à Monte-Carlo. — *Vinciguerra le bandit.*
— *Les Points noirs.*

Depuis *La Cagnotte* d'exhilarante mémoire, le
Palais-Royal n'avait pu mettre la main sur un
véritable succès. Nous ne parlons pas des pièces en
un acte. Il y en eut certainement de remarquables et
dont la réussite fut complète : *Le Myosotis*, par
exemple, agrémenté de la musique de Lecocq, et
dont l'un des auteurs n'était autre que le Comte de
Noë ou plutôt Cham, notre spirituel dessinateur,
dont le moindre coup de crayon était un trait

d'esprit ; *L'Avocat des dames ;* *Le Photographe ;* *La Consigne est de ronfler* et bien d'autres encore ; mais le règne des petites pièces, des *Spectacles coupés* était passé depuis longtemps ; on ne pouvait plus espérer de bonnes recettes qu'avec des œuvres de longue haleine ; or, celles-ci n'avaient obtenu, pendant ces deux dernières années, qu'un nombre de représentations fort limité, qu'un succès douteux par conséquent.

Il était grandement temps d'aviser.

Coupart, malheureusement, n'était plus là pour donner ses sages conseils ; l'ami dévoué venait de s'éteindre, les yeux fixés sur la dernière affiche de spectacle et les mains levées pour applaudir ses artistes bien-aimés, dernière et suprême vision de son âme agonisante.

Alerme, un comédien pensionné de l'Empereur de Russie, récemment arrivé de Saint-Pétersbourg, l'avait remplacé dans ses difficiles fonctions ; mais le nouveau venu n'avait pas encore voix délibérative.

Dans cette situation, devenue de plus en plus critique, les directeurs soudainement inspirés, firent appel aux heureux auteurs de *La Belle Hélène,* à leur compositeur favori.

Cet appel du désespoir fut heureusement entendu et, peu de temps après, *La Vie parisienne* obtenait un éclatant et prodigieux succès.

La première représentation de cette grande bouffonnerie musicale eut lieu le 11 octobre 1866.

Offenbach, qui avait su adapter sa musique aux voix les plus singulièrement discordantes, réussit outre mesure.

La pièce fut, d'ailleurs, admirablement jouée par Brasseur, Hyacinthe, Gil-Pérez, Lassouche, Priston, Mmes Thieret, Paurelle, Honorine, Céline Montaland, Massin, Breton et Zulma Bouffar.

Cette dernière, qui avait des roulades plein le gosier, avait été seulement engagée pour la circonstance. Elle joua plus tard à *la Gaîté* un travesti dans la féerie de Victorien Sardou : *Le Roi Carotte*, à raison de 150 francs par soirée. « 54,000 francs « par an pour chanter la musique d'Offenbach, dit « le rédacteur du journal *le Gaulois*, qui rend compte « de cet engagement, je la trouve raide. »

La Vie parisienne tint l'affiche pendant une partie de l'année 1867, année de l'Exposition ; elle doubla facilement le cap de la centaine.

Pendant qu'elle poursuivait sa longue et fructueuse carrière, de nombreux levers de rideau se succédèrent les uns aux autres. Quelques-uns n'étaient pas sans mérite. Ils étaient dus, pour la plupart, à la plume exercée de Jules Renard, un banquier doublé d'un vaudevilliste.

Gobin débuta sans tambour ni trompette dans

l'une de ces petites pièces et fut à peine remarqué. L'amusant comique a fait depuis grandement son chemin sur d'autres scènes.

On joua le 25 novembre 1867 une pièce en 5 actes de Labiche, Delacour et Adolphe Choler, intitulée : *Les Chemins de fer* et le 7 février suivant : *Le Papa du prix d'honneur*, 4 actes, encore de Labiche, mais cette fois avec Théodore Barrière. Cette dernière pièce n'obtint que quelques représentations.

Le Château à Toto, opérette en 3 actes, d'Henri Meilhac et Ludovic Halévy, musique d'Offenbach, fut joué le 6 mai 1868 pour les débuts d'Alphonsine ; elle s'y montra comédienne et chanteuse à la fois.

Nous avons tous connu cette excellente et bonne nature qui n'eut qu'une haine dans sa vie : elle ne pardonna jamais au baron Haussmann d'avoir osé toucher à son cher boulevard du Temple et d'avoir fait démolir les théâtres à la porte desquels sa mère, la maman Fleury, vendait autrefois des bouquets. C'est là qu'elle avait grandi au milieu des fleurs, c'est de là, qu'après avoir passé par le *Gymnase enfantin*, elle s'était élancée vers le *Petit-Lazzari*.

Sa réputation y fut bientôt établie.

« On allait à ce petit théâtre pour voir cette toute
« drôlette, toute gracieuse actrice, qui tenait là le

« sceptre comico-grivois avec un entrain qui tenait
« de Minette du *Vaudeville*, de Flore des *Variétés* et
« de notre Déjazet elle-même. »

Du *Petit-Lazzari* elle alla aux *Délassements-Comiques*
et des *Délassements*... un peu partout.

Mais à mesure qu'elle acquérait du talent, qu'elle changeait de théâtre, elle perdait quelque chose de sa première originalité ; « si bien qu'en dernier lieu, « jouant aux *Variétés* avec Dupuis, elle n'était pas « beaucoup plus extraordinaire, dit Théodore de « Banville, qu'une bonne actrice de la Comédie-« Française. »

A la scène, au foyer, à la ville, dans l'intimité, elle sut se concilier toutes les sympathies.

Nous la surprîmes un jour dans sa jolie petite maison d'Asnières faisant les honneurs de chez soi avec une grâce toute particulière, avec son cœur d'artiste. Elle nous parla de son mari qu'elle aimait à la folie et surtout de sa cuisinière Elisa, un miracle de cuisinière, qui jouait instinctivement du piano sans l'avoir jamais appris, sans avoir jamais su déchiffrer une seule note. Alphonsine était fière de montrer ce phénomène à ses amis, de le faire pianoter devant eux. Il en résultait qu'Elisa avait constamment les doigts sur les touches. Sa maîtresse la remplaçait alors très volontiers à la cuisine. « Que voulez-vous, disait tout simplement la charmante actrice, qui était aussi la meilleure des femmes, mon mari adore le piano et Elisa tapotte bien mieux que moi. »

Les seuls intimes, dans cette « maison du bon Dieu », avaient l'insigne honneur de boire dans la coupe de l'amitié ; c'était un verre monstre qui avait été gagné au tourniquet à la fête d'Asnières et qui ne contenait pas moins d'une bouteille de champagne. Personne ne voulait boire après Hyacinthe, sous prétexte que son nez touchait au liquide, quelque précaution qu'il prit pour éviter ce désagrément.

Lacombe, qui débuta au mois de juillet 1868, dans *Les Forfaits de Pipermans*, 1 acte, de Chivot et Duru, ne trouva pas l'occasion de faire valoir ses qualités dans un autre rôle et ne fit que passer.

On joua le 20 août 1868 *Le Lys de la vallée*, 3 actes, de Grangé et Victor Bernard ; le 18 septembre *Paris ventre à terre*, 3 actes, de Théodore Barrière et Stapleaux ; le 27 novembre *Le Roi d'Amatibou*, fantaisie en 4 actes, enrichie de la musique d'Hervé, et enfin, le 30 décembre, pour les débuts de Mlle Julia Baron, *Le Carnaval d'un Merle blanc*, folie de carnaval en 4 actes, de Chivot et Duru, musique de Charles Lecoq.

Cette dernière pièce eut seule du succès et a été reprise plusieurs fois depuis.

La débutante n'était pas une inconnue, tout Paris l'avait applaudie aux *Folies-Dramatiques* dans la fameuse bouffonnerie de *L'Œil crevé*. Elle avait une jolie voix, une jolie figure, toutes sortes de jolies choses qui captivèrent le public du Palais-Royal. On la jugea digne de remplacer, dans la plupart de ses rôles, Mlle Schneider, devenue l'astre le plus resplendissant du théâtre des *Variétés*.

Les deux directeurs s'adjoignirent en 1869 un troisième associé.

Adolphe Choler, qui avait fait ses preuves comme auteur dramatique, fut admis à partager le sceptre directorial, moyennant une mise de fonds réglée à l'avance et consentie entre les parties. La liberté des théâtres, proclamée par le décret du 6 janvier 1864, rendait possible cette adjonction qui donnait la facilité à Léon Dormeuil d'aller passer désormais l'hiver dans sa charmante villa de Monte-Carlo.

Tout était donc pour le mieux.

Le nouvel associé, aussitôt en fonctions, déploya une grande activité. Il fut, du reste, admirablement secondé par Fillion qui avait succédé à Alerme comme régisseur général.

Fillion était l'auteur d'un drame en 5 actes, représenté jadis à l'*Odéon* sous le titre de *Lord Surrey*. L'acteur chargé de ce rôle, pris subitement d'indisposition au moment d'entrer en scène, fut bravement remplacé par l'auteur.

Fillion, qui se risquait sur les planches pour la première fois, joua dans sa pièce avec une rare perfection et le public put applaudir du même coup et l'auteur et l'artiste.

Blanche d'Antigny, qui fixa un moment l'attention du *Tout-Paris* d'alors, apparut le 21 août 1869 dans un vaudeville qui avait surtout le mérite de passer en revue le personnel féminin du théâtre ; il était intitulé : *On demande des Ingénues.*

La jolie mondaine, qui avait commencé par être blanchisseuse, écrasa par son luxe toutes ses rivales en beauté. Rien que pour sa chambre à coucher il fut dépensé, assure-t-on, pour 50,000 francs de dentelles et de soieries.

Son engagement au Palais-Royal stipulait un dédit considérable qu'elle paya sans sourciller pour aller créer aux *Folies-Dramatiques* le rôle de Marguerite dans *Le Petit Faust.*

On la surprit un jour à la Librairie nouvelle, raconte Jules Claretie, demandant les *Récits mérovingiens* d'Augustin Thierry.

— Pourquoi faire demande le libraire étonné ?

— Pourquoi !... Hervé m'a confié le rôle principal dans son *Chilpéric* et je tiens à « entrer dans la peau » de mon personnage.

Blanche d'Antigny était, au dire de tous, aussi bonne qu'elle était belle, ce qui n'est pas peu dire. Elle fut du nombre de celles qui, pendant la guerre, revendiquèrent l'honneur de servir dans nos ambulances. Elle s'y montra, elle aussi, infirmière modèle et plus d'un blessé lui dut sa guérison.

On joua le 23 novembre 1869 *La Vie de Château*, de Chivot et Duru, musique de Mangeant. Cette opérette n'obtint qu'un demi-succès.

Quelques jours auparavant la troupe du Palais-Royal avait été mandée à Compiègne pour jouer devant la cour trois pièces en 1 acte :

Le Camp des Bourgeoises ;

La Grammaire ;

Et la Consigne est de ronfler.

« Le spectacle marcha très bien, dit Alphonse
« Leveaux, qui a publié la nomenclature des spec-
« cles de la Cour, Brasseur fit beaucoup rire et
« taGeoffroy fut tout à fait excellent. »

Il aurait pu ajouter que la beauté des comédiennes fit surtout sensation. Deux chargés d'ambassade adressèrent les offres les plus brillantes, de la part de leur gouvernement, à Mlles de Cleurcy et Hortense Neveu ; mais, patriotes avant tout, nos jolies actrices refusèrent de passer à l'étranger.

On était loin de se douter que cette représentation qui eut lieu le 13 novembre 1869 serait la dernière donnée par des artistes de Paris en présence de Napoléon III.

L'année 1870, l'année de nos désastres, commença par un grand succès : *Le plus heureux des trois*, comédie en 3 actes, de Labiche et Edmond Gondinet, fut joué le 11 janvier, le lendemain du meurtre de Victor Noir et alors qu'il n'était question dans Paris que du drame sanglant dont l'acteur principal n'était autre qu'un prince de la famille impériale.

Le public oublia un moment ses tristes préoccupations pour acclamer les auteurs et les artistes : Geoffroy, Lhériter, Brasseur, et Gil Pérez, Georgette Olivier, une perle échappée de l'écrin des anciens *Délassements-Comiques* et une jeune débutante, Mlle Kid, méritèrent d'être applaudis à côté d'eux.

Le succès de *Le plus heureux des trois* permit à Léon Dormeuil de transplanter à Monaco les artistes que cette pièce laissait entièrement disponibles. Ceux-ci jouèrent le 22 février 1870 au théâtre de Monte-Carlo : *Vinciguerra le bandit*. Cette opérette, improvisée par nous pour la circonstance, et sur laquelle Bottesini avait brodé une délicieuse musique, obtint un très grand succès bien qu'elle ait été faite, apprise et répétée en quelques jours. Elle fut, du reste, admirablement interprétée par Réné Luguet, Henri Deschamps, Duflost, Alphonsine et Julia Baron.

Réné Luguet avait remplacé au pied levé, dans le rôle d'un *terrible bandit* Hyacinthe, qui, à la répétition générale, s'était démis le bras en franchissant une fenêtre par laquelle il devait faire son entrée au bruit de la foudre. Nous n'apprîmes l'accident que longtemps après et alors qu'il nous était impossible d'adresser au brave artiste les témoignages de nos regrets et de nos vives sympathies.

Henri Deschamps, qui joua avec beaucoup d'esprit un amoureux comique, était le fils de Julien Deschamps qui avait autrefois brillé au *Gymnase* dans l'emploi des jeunes premiers.

Vinciguerra fut repris à Paris le 16 avril 1870 quelque temps après le retour des artistes de Monaco. On joua le même jour : *Les Points noirs*, charmante comédie d'Edmond Gondinet et d'Albert Wolff.

Cette pièce fut un véritable pronostic. Les points noirs qui ne faisaient alors qu'apparaître avaient, deux mois après, entièrement obscurci l'horizon politique. Un ennemi implacable et qui nous était dix fois supérieur en nombre s'abattait sur nos fertiles contrées et y portait la dévastation. Mais nous n'avons pas à refaire ici l'histoire de nos mauvais jours, notre tâche est beaucoup plus facile et surtout plus modeste ; il nous suffira de dire qu'à l'appel de la patrie les artistes dramatiques ne furent pas les derniers à se lever pour sa défense. Chacun, selon ses forces, prit rang dans les compagnies sédentaires ou de marche et l'exercice du fusil prit la place des répétitions. On sait que dans les bataillons parisiens qui, le 19 janvier 1871, combattirent à Buzenval, à Garches et à Montretout, se trouvaient de nombreux acteurs. Nous avons parlé ailleurs du glorieux trépas de l'un d'eux (1).

(1) Seveste, artiste de la Comédie-Française, tombé sous les balles prussiennes à Buzenval.

CHAPITRE VIII

Tricoche et Cacolet. — Débuts de Calvin. — de Montbars, — d'Alice Regnault, etc., etc. — *La Boule*. — Débuts de Raimond, etc., etc. — Rodriguèz et Valaire. — Débuts de Fusier, — de Mlle Mathilde, — de Mlle Ghinassi, — de Milher, etc, etc. — *Les Locataires de M. Blondeau*. — Débuts de Daubray, — d'Alice Lavigne, etc., etc.

Hâtons-nous de franchir les sombres jours qui suivirent l'armistice, jetons vivement un voile épais sur les événements qui ensanglantèrent Paris, sur le règne de la Commune, pendant lequel les théâtres furent hermétiquement fermés et arrivons à leur réouverture qui eut lieu à peu près partout au mois de juin 1871.

Le plus heureux des trois reparut alors sur l'affiche du Palais-Royal escorté de: *Les deux Timides*, 1 acte, de Labiche et Marc-Michel. Ce vaudeville, emprunté au répertoire du Gymnase, était joué par Priston et Villemer. Ce dernier qui aurait pu acquérir du talent, s'est mis à cultiver la muse au gros sel et est aujourd'hui l'un des fournisseurs les plus en vogue des cafés-concerts.

On reprit le 18 août 1871, une autre pièce du Gymnase : *Le Bourgeois de Paris*, « actualité » en 3 actes et 5 tableaux, de Dumanoir et Clairville, qu'avaient inspirée *Les Mémoires d'un Bourgeois de Paris*, du docteur Véron.

On joua le 9 septembre *Les Bêtises du cœur*, comédie en 3 actes, de Théodore Barrière et enfin le 6 décembre et pour finir l'année *Tricoche et Cacolet*, 5 actes, d'Henri Meilhac et Ludovic Halévy.

Ce « vaudeville sans couplets, » qui initiait le public aux faits et gestes de certaines agences de renseignements, eut un succès retentissant. On ne désigne, plus depuis, ces établissements véreux que sous son double nom.

On joua, le 10 septembre 1872, *Le Réveillon*, comédie en 3 actes, d'Henri Meilhac et Ludovic Halévy et le 20 décembre *Doit-on le dire?* comédie en 3 actes, de Labiche et Duru.

Ces deux pièces obtinrent un grand succès.

Calvin débuta dans la dernière.

Comme beaucoup d'artistes éminents, il fit ses

premières armes au *Petit-Lazzari*. A ce petit théâtre, inauguré en 1830, sous le patronage de Lazzari, un arlequin qui, vers la fin du siècle dernier, s'était rendu célèbre par la rapidité de ses métamorphoses et son incomparable agilité, à ce petit théâtre, disons-nous, les acteurs étaient payés à raison de 15 francs par semaine au maximum. Calvin était arrivé à ce traitement respectable quand il entra aux *Folies-Dramatiques*. Il s'y distingua dans plusieurs pièces et, notamment, dans *Le Carnaval des Blanchisseuses*, un des plus grands succès de cette époque. Il prit de là son vol vers la Belgique et il trônait aux *Galeries Saint-Hubert* quand il fut engagé au Palais-Royal où il a conquis une bonne situation.

Orphelin et privé dès son enfance de ses guides naturels, Calvin sut, à travers les mille difficultés de la vie, se frayer lui-même le chemin qui l'a conduit à une honorable existence. Nous n'avons jamais pu savoir, par exemple, pourquoi l'excellent artiste, qui ne nous a pas dit son véritable nom, s'est affublé de celui de l'impitoyable réformateur qui eut la douce joie de faire brûler Michel Servet.

Montbars, qui descendait en droite ligne, à ce qu'on nous a assuré, de Mathias Corvin, débuta le 20 juin 1873 dans un simple lever de rideau de

Clairville et Busnach, intitulé : *Les Esprits des Batignolles*.

L'existence de ce prince hongrois qui, après mille traverses, vint échouer sur la scène du Palais-Royal, est un véritable roman dont le seul résumé nous mènerait trop loin; il nous suffira de dire que le noble et sympathique étranger se fit si bien à nos usages qu'il devint, en peu de temps, l'un de nos bons comédiens.

Le brave artiste, dont le véritable nom était Jules Kalitowitsch, mourut fort jeune encore et estimé de tous. Il avait grandement acquitté par sa noble conduite pendant la guerre, la dette de reconnaissance qu'il avait contractée envers la France, son pays d'adoption.

D'autres débuts non moins importants eurent lieu vers la même époque. Nous citerons ceux de Gaillard, un excellent artiste qui, depuis, a pris son vol vers l'*Eldorado*, où il est littéralement adoré; de Numès, qui est devenu l'un des auteurs les plus accrédités des cafés-concerts; de Mlle Marie Leroux, une très agréable actrice; enfin de Mlle Mirecourt, dont l'incomparable beauté fit sensation.

Cette dernière fit son apparition dans *Le Hussard persécuté*.

Cette « excentricité musicale » d'Hervé, représentée jadis avec un grand succès aux *Folies nouvelles*, parut complètement démodée.

On joua, le 8 avril 1873, *Le Roi Candaule*, un petit chef-d'œuvre d'Henri Meilhac et Ludovic Halévy, et le 5 août *Le Baptême du petit Oscar*, 5 actes, de Grangé et Victor Bernard, reçus sans enthousiasme.

Le Chef de Division, comédie en 5 actes, d'Edmond Gondinet, jouée le 15 novembre, n'eut pas tout le succès qu'on était en droit d'attendre d'un sujet traité avec une rare perfection et ne présentant que des types pris sur le vif et véritablement amusants.

On joua, le 14 janvier 1874, *Le Magot*, folie-vaudeville en 3 actes, de Victorien Sardou, qui n'ajouta rien à la réputation de son auteur ;

Le 2 avril, *Le Homard*, un acte étincelant d'esprit, d'Edmond Gondinet, pour les débuts de Mlle Alice Regnault, une piquante brune que les Variétés avaient laissé s'échapper ;

Le 15 septembre, *Les Samedis de Madame*, 3 actes, de Labiche et Duru. Numa, le fils de l'excellent comédien du Gymnase, dont le souvenir est loin d'être effacé, fit son apparition dans cette pièce et donna les meilleures espérances ;

Enfin, le 24 novembre, *La Boule*, comédie en 4 actes, une des meilleures pièces et un des plus grands succès d'Henri Meilhac et Ludovic Halévy.

La Boule tint l'affiche une grande partie de l'année 1875, année qui fut marquée par les débuts de Mlle Julia de Cléry, une de nos plus élégantes actrices et de Raimond, qui depuis s'est affirmé comme l'un de nos meilleurs comiques.

On joua le 12 octobre, avec un grand succès, *Le Panache*, comédie en 3 actes, d'Edmond Gondinet ; Mlle Marie Magnier débuta dans cette pièce et vint encore augmenter le nombre de nos jolies actrices.

Nous ne devons pas oublier l'entrée en fonctions dans le courant de cette même année du régisseur général Rodriguèz.

Les états de services de cet artiste, qui tenait en dernier lieu une grande place au théâtre Déjazet, démontraient clairement qu'il avait non moins d'audace que le héros, dont il portait fièrement le nom. On le vit successivement directeur à Bucharest, à Jassy, à Odessa, et il fut le premier qui osa installer un théâtre à Constantinople.

Ce brave Castillan (était-il Castillan ?) avait succédé à Valaire, artiste de mérite, jouant au besoin tous les rôles, et aussi le meilleur camarade et la meilleur pâte des régisseurs.

On joua le 5 février 1876, *Le Prix Martin*, 3 actes, de Labiche et Edmond Gondinet. Cette pièce fut accueillie par des sifflets.

Poste restante, comédie en 4 actes, de Delacour et Victor Hennequin, jouée le 9 mars suivant, subit à peu près le même sort.

Lanjallais, un artiste qui a tenu une excellente place aux *Variétés*, débuta dans cette comédie et s'y fit remarquer.

Le 25 septembre 1876, eurent lieu dans un vaudeville en 5 actes, d'Ernest Blum, intitulé : *Une Avant-Scène*, les débuts de Fusier.

La pièce parut démodée et ne réussit pas.

Fusier, qu'on pourrait appeler l'acteur Protée, peut imiter tous les artistes, comme il peut, sans efforts, faire sortir de sa bouche les sons de tous les instruments. Prestidigitateur au besoin, il est l'homme de toutes les surprises et un des rares originaux qui puisse à lui seul composer tout un spectacle, et qui possède, en lui-même, tous les éléments de la soirée la plus divertissante ; aussi n'est-il pas de bonne fête sans lui, de salon qui ne se le dispute.

Il était difficile de faire ressortir de si précieuses qualités dans une pièce de début ; on ne doit donc pas être surpris que cet artiste, qui est essentiellement l'homme des *Revues*, genre à peu près disparu au Palais-Royal, n'ait réussi que médiocrement.

On donna encore cette année la meilleure place à une pièce d'Henri Meilhac et Ludovic Halévy : *Le*

Prince, comédie en 4 actes, jouée le 25 novembre, ne put, malgré tout le talent de Geoffroy, élever les recettes qui restaient au-dessous de la moyenne ordinaire.

On joua le 28 mai 1877, *La Boîte à Bibi*, 3 actes, d'Adolphe Choler et Duru; le 18 juillet, *La Lune sans miel*, 3 actes, de Varin et Delacour.

Les Demoiselles de Monfermeil, comédie en 3 actes, de Théodore Barrière et Victor Bernard, mirent en relief le talent mignon de Mlle Ellen Andrée, une nouvelle recrue et l'une de nos plus charmantes actrices.

En cette année, qui fut complètement perdue au point de vue des pièces à succès, eurent lieu de nombreux débuts : nous signalerons, entre autres, ceux de Mlle Mathilde, qui s'est depuis révélée comédienne de grand talent ;

De Mlle Ghinassi, une très intelligente actrice dont la toute petite et jolie personne recèle un cœur de fer. On sait qu'elle étonna par son intrépidité Bidel lui-même, en pénétrant dans la cage de l'un de ses plus terribles animaux ; il lui suffit de son tendre et doux regard pour dompter le lion du désert ;

De Mlle Jane Hading, dont le talent s'est grandement affirmé depuis ;

De Milher, enfin, qui a conquis pied à pied une des premières places.

Il arrivait directement des *Folies-Dramatiques*, où d'importantes créations lui avaient assigné le premier rang. Celle de Gaspard, dans *Les Cloches de Corneville*, avait, en dernier lieu, mis le comble à sa réputation.

C'est dans *Le Phoque*, 3 actes, de Delacour et Victor Hennequin, qu'il débuta le 18 décembre 1877.

Milher, dont le véritable nom est Hermil, n'est pas seulement un comédien de mérite, il a, comme auteur d'opérettes et de revues, inondé les cafés-concerts de ses élucubrations plus ou moins poétiques. L'*Eldorado*, reconnaissant, a fait inscrire son nom en lettres d'or sous sa brillante coupole, à côté de celui de Blondelet et de son collaborateur Numès.

Cette même année fut marquée par la retraite de l'un des trois directeurs. Adolphe Choler cédait son tiers de direction à M. Delcroix, un clerc de notaire peu enthousiaste de l'étude du droit civil et qui abandonnait, résolument et de gaîté de cœur, les arides enseignements de Cujas et Bartole, pour se lancer dans une carrière bien plus en rapport avec ses goûts et ses aspirations artistiques. Le nouvel associé prit possession au commencement de 1878.

Un vieux vaudeville : *Actéon et le Centaure Chiron*, représenté pour la première fois en 1836, fut repris le 12 janvier, mais transformé en opérette, avec une musique nouvelle de Marc Chantagne.

Montbars jouait Chiron, rôle de Sainville et Fusier, Actéon, rôle d'Alcide-Tousez ; Diane et ses jolies nymphes étaient représentées par Mmes Dézoder, Ellen Andrée, Jane Hading, Nancy et Moralès, qui rivalisaient de grâce et de beauté.

On joua, le 20 mars 1878, *Les vieilles Couches*, comédie en 3 actes, d'Edmond Gondinet ;

Le 6 mai, *Le Bouton de rose*, 3 actes, d'Émile Zola ;

Le 23 juillet, *Paris Canard*, comédie-vaudeville en 4 actes, de St-Aignan Choler et Crémieux, musique de Cœdès et Chassaigne ;

Enfin, le 28 décembre, *Les Provinciales à Paris*, 4 actes, de Najac et Moreau.

Le Mari de la débutante, 4 actes, d'Henri Meilhac et Ludovic Halévy, fut représenté le 5 février 1879.

Montbars se fit acclamer dans cette pièce, qui n'obtint encore qu'un demi-succès.

Le 12 juin 1879 eurent lieu, dans *Les Locataires de M. Blondeau*, vaudeville en 5 actes, de Chivot, les débuts de Daubray.

Sa face largement épanouie, sa gaieté communicative, eurent bientôt raison de la froideur d'un public devenu de plus en plus difficile et que de nombreux insuccès avaient rendu fort défiant. On applaudit un peu la pièce et grandement l'artiste.

Michel-Réné Thibaut, dit Daubray, qui naquit à

Nantes, en 1837, eut l'étonnante bonne fortune d'être refusé au Conservatoire. En lui imposant sa rigoureuse méthode, quelque ami de la *foorme*, quelque éminent professeur, aurait certainement détruit cette précieuse originalité, cette cocasserie « immense » qui outrage toutes les règles de l'art, mais qui excite nos meilleurs et nos plus bruyants éclats de rire.

Bénissons donc la savante commission qui préside aux examens du faubourg Poissonnière, et revenons à notre amusant comique.

Daubray eut, comme bien d'autres, beaucoup de peine à percer. Les applaudissements mérités qu'il cueillit sur de petites scènes et notamment au théâtre Déjazet, ne lui valurent qu'un engagement à l'étranger. Nous le rencontrâmes, alors qu'il était depuis peu revenu de Bruxelles, entouré de papillons noirs et complètement désespéré de ne pouvoir trouver un engagement à Paris. Se souvient-il que nous lui prédîmes, en ce jour de sombre découragement, le plus brillant avenir ?

Notre prédiction s'est largement réalisée. Ses succès à *La Renaissance* où il ne tarda pas à être engagé et où il débuta dans *Pomme d'Api*, assurèrent sa réputation. Il ne fut pas moins acclamé aux *Bouffes-Parisiens* où toutes ses créations furent autant de triomphes.

Les émoluments de notre joyeux artiste suffisent largement aujourd'hui à donner la pitance à ses douze et jolis enfants.

Mᵐᵉ Alice Lavigne débuta, le 13 septembre 1879, dans *La Revue trop tôt*, revue en 3 tableaux, de Siraudin et Raoul Toché. On sait le brillant chemin parcouru depuis par la gentille comédienne, dont chaque nouvelle création fait de plus en plus ressortir le jeu fin et spirituel.

Nous mentionnerons encore pour mémoire *Papa*, comédie en 3 actes, de Leterrier et Vanloo, jouée le 16 décembre, et *Barbizon*, 3 actes, de Georges Petit et Henri Raymond, joués huit jours après.

L'année 1880 commençait sous de malheureux auspices. La stérilité des pièces jouées, dans les derniers temps, aggravait une situation devenue fort difficile.

Léon Dormeuil et Plunkett, qui regrettaient fortement de n'avoir pas suivi Adolphe Choler dans sa retraite, avisèrent leur jeune associé, M. Delcroix, qu'ils étaient décidés à renoncer à une lutte dont ils ne pouvaient prévoir l'issue.

Deux nouveaux insuccès : *La Corbeille de Noces*, folie en 3 actes, jouée le 7 février 1880, et *Le Siège de Grenade*, vaudeville en 4 actes, jouée le 2 avril, rendirent leur résolution irrévocable, et précipitèrent le dénouement.

CHAPITRE IX

Nouvelle direction. — MM. Briet et Delcroix. — Restauration de la salle. — Réouverture. — Prologue de Théodore de Banville. — Le foyer d'aujourd'hui. — Le bain à quatre sous. — *Divorçons.* — Mme Céline Chaumont. — *Monsieur Garat.* — *Ma Camarade.* — *Le Train de plaisir.* — Fête du Centenaire. — Conclusion.

Les candidats à la succession de Léon Dormeuil et Plunkett furent nombreux ; le choix s'arrêta sur M. Briet. Celui-ci n'eut pas de peine à s'entendre avec M. Delcroix qui, le premier, du reste, avait fait appel à son expérience, à ses connaissances théâtrales : Il avait été tour à tour directeur du théâtre des Arts, à Rouen, du théâtre de Lille, de celui du Havre, administrateur et metteur en scène d'un de nos théâtres subventionnés, enfin directeur d'une importante maison de correspondance théâtrale.

Ces antécédents étaient du meilleur augure ; aussi son avènement fut-il salué par les artistes comme l'aurore des plus beaux jours. Ils surent gré à la nouvelle direction de s'être attachée, en qualité de régisseur général, un de leurs camarades les plus sympathiques. C'était affirmer du premier coup, une administration paternelle et bienveillante, une fermeté tempérée par les sentiments du devoir et de la justice.

Le premier soin de MM. Briet et Delcroix fut de s'occuper de la restauration de la salle. Les décorateurs, les artistes les plus en vogue furent mis sur-le-champ en réquisition et sa transformation ne tarda pas à avoir lieu sous l'habile direction de M. Sédille, architecte.

On s'inspira des estampes du temps et on rétablit, dans le foyer, avec une certaine exactitude, la décoration d'origine.

Ce foyer historique, ce fameux foyer, que nous avons essayé de décrire dans notre première partie, se retrouve encore ici aux deux tiers. Il a été malheureusement scindé par l'établissement d'un buffet.

En face de la célèbre galerie à mi-étage, la même qui, sous le Directoire, donnait accès à de hardies courtisanes, l'histoire du théâtre se déroule, en quelque sorte, dans une peinture murale, qui tient toute la longueur du foyer. Cette peinture représente les principaux artistes qui ont passé par cette scène illustre, depuis Mlle Mars, jusqu'à Daubray.

M. Émile Bayard, l'auteur de cette œuvre intéressante, n'a eu garde d'oublier les portraits des deux principaux fondateurs : Mlle Montansier et Dormeuil père.

Le foyer des artistes, interdit aux profanes, a été également pomponné et remis à neuf. Ce foyer, qui n'est guère plus grand qu'un boudoir, n'a pour tout ameublement que l'indispensable piano de service et deux banquettes assez mal rembourrées; mais il est égayé par de nombreuses photographies d'acteurs et par une fenêtre qui, donnant sur le jardin, permet à nos jolies actrices d'y venir respirer « la brise embaumée du soir. »

On ne toucha pas aux loges d'acteurs. Ceux qui ont l'avantage d'en posséder une à eux seuls, la décorent à leur guise et suivant leur caprice. On a eu beau ménager le terrain lors de la construction du théâtre, fort peu d'artistes jouissent d'une loge particulière. La majeure partie de la troupe en est réduite à s'accommoder dans *Le Bain à quatre sous*. C'est de ce nom significatif qu'a été baptisée la loge commune dans laquelle on est plus ou moins empilé, selon les besoins du service.

Plus d'un comédien célèbre a passé par là. Les sièges y ont leur légende comme à l'institut et les titulaires actuels citent avec orgueil les noms des artistes qui s'y sont succédé. On salue avec respect la place occupée jadis par Lhéritier, la patère où Grassot accrochait sa perruque, la petite glace qui refléta le visage bon enfant d'Alcide Tousez. Pellerin qui, dans cette fournaise, a droit comme le plus ancien à la meilleure place et que l'on y respecte à l'égal d'un chef de chambrée, aurait pu nous raconter plus d'une bonne histoire sur la plupart de ceux qu'il y a vu successivement défiler depuis près de quarante ans ; mais l'excellent artiste, pour nous servir d'une expression du terroir, ne « casse jamais du sucre » sur le dos de ses camarades.

Le Bain à quatre sous possède, comme la ville de Naples, son musée secret. Notre incompétence en art de cette nature ne nous permet pas de donner notre opinion sur la valeur des dessins qui le composent. La création de ce musée, dont la vue n'est interdite qu'aux dames, est attribuée à l'acteur Numés.

Les grands travaux d'enjolivement furent accomplis comme par miracle ; il suffit pour cela de la fermeture d'été.

Le théâtre, resplendissant de dorures et tout enguirlandé, rouvrit ses portes le 14 septembre 1880 avec la reprise des *Diables roses* et *L'Impromptu*, « petit prologue d'ouverture », rimé à la hâte par Théodore de Banville et dit avec la meilleure grâce du monde par Mlle Maria Legault.

Nous en détachons les vers suivants :

> C'est ici qu'en son délire
> S'ouvrit aux grands histrions
> La chère maison du rire :
> Donc, ô mes amis ! rions.
>
> Notre passé fut si riche !
> Et, sans nul doute, on connaît
> Nos maîtres : Sardou, Labiche,
> Et Meilhac et Gondinet ;
>
> Halévy plein de finesse,
> Siraudin et Delacour ;
> Thiboust, sourire et jeunesse
> De la muse de l'amour !
>
> Puis, sous la clarté des lustres,
> La comédie eut chez nous
> Ses bouffons les plus illustres :
> O souvenir triste et doux !
>
> Autrefois, jeune et frivole,
> C'est ici que Dejazet
> Egrenait sa chanson folle
> Et, comme un ruisseau, jasait.
>
> Achard qui charma la ville,
> Tousez qui n'était pas sot,
> Leménil, le bon Sainville
> Et Levassor et Grassot :

Gil-Pérez, hélas ! Thalie
A chéri ces grands railleurs
Pleins de verve et de folie :
Moi, j'en passe, et des meilleurs.

Mais Émile Bayard groupe
Sur un panneau triomphant
Toute l'immortelle troupe
Qui commence à Mars enfant,

Et qui posséda naguère
Ces rois de notre métier
Armés pour la grande guerre :
Samson, Régnier et Potier.

Puis de cette époque sainte,
Ingénieux et malin,
Reste le bon Hyacinthe
Avec son nez aquilin :

Et celui qui te déride
Le grand, le vrai sage, effroi
De la bétise candide :
L'inimitable Geoffroy ;

Geoffroy qui jette et secoue
Sur les types qu'il revêt
Tant de lumière et qui joue
Comme Molière écrivait !

Et de tant de gloire éparse
Demeure aussi Lhéritier
Qui des princes de la farce
Est le fidèle héritier.

Halévy plein de finesse; Tousez qui n'était pas sot ;

Achard, qui charma la ville et d'autres vers non moins chevillés, ne satisfirent pas les délicats et semblèrent peu dignes du poète des *Odes funambulesques;* mais ils avaient le mérite de rappeler des noms glorieux et chers au théâtre, et ils furent chaleureusement applaudis.

Le 6 décembre 1880, moins de trois mois après sa réouverture, le théâtre remportait avec *Divorçons*, comédie en 3 actes, de Victorien Sardou et de Najac, un de ses plus éclatants succès.

Céline Chaumont, engagée pour la circonstance, se montra grandement à la hauteur d'un rôle qui semblait écrit tout exprès pour elle et donna toute la mesure de son incontestable talent. Le public l'accueillit comme un enfant gâté.

Divorçons tint l'affiche pendant plus d'un an.

On joua, le 31 décembre 1881, *Le Mari à Babette*, 3 actes, d'Henri Meilhac et Philippe Gille, qui furent très froidement accueillis. Galipaux, un émule de Coquelin Cadet dans l'art de dire les monologues, débutait dans cette pièce dont le principal rôle était interprété par Geoffroy.

Le Volcan, 3 actes, d'Edmond Gondinet, Oswald et P. Giffard, joués le 23 mars 1882; *La Brebis égarée*, de Grangé, Victor Bernard et Henri Meilhac, jouée le 6 mai; enfin *Le Truc d'Arthur*, 3 actes, de Chivot et Duru, joués le 14 octobre, ne furent, à leur tour, que des demi-succès. Mlle Dinelli une charmante transfuge du Gymnase débutait dans cette dernière pièce et s'y faisait applaudir.

On reprit le 21 décembre 1882 *Monsieur Garat*, vaudeville en 2 actes, de Victorien Sardou.

Céline Chaumont, que son succès dans *Divorçons* avait littéralement enivrée, ne craignit pas de paraître sous l'habit de Déjazet dans la maison même de Frétillon; mais son filet de voix se perdit dans l'épaisse cravate du merveilleux chanteur du Directoire et les délicieuses romances qu'exhalait notre bonne Virginie avec tant de charme « ne dépassèrent pas la rampe. »

La spirituelle comédienne essaya de prendre sa revanche dans *Le Pot au lait* et *Madame est jalouse*, joués peu de temps après, mais la part trop belle que lui avaient faite les auteurs dans ces deux petites pièces où elle tenait constamment la scène, dépassa de beaucoup le but, et le fameux proverbe de coulisse : « *On ne joue pas la comédie tout seul* » eut encore cette fois raison.

Deux pièces en 3 actes : *Peau neuve*, d'Edmond Gondinet et Debrit, jouée le 3 mars 1883, et *Le Fond du sac*, de Pierre Decourcelle, joué le 24 du même mois, disparurent promptement de l'affiche et passèrent inaperçues.

L'Heure du Berger, vaudeville en 3 actes, de Maurice Ordonneau, représenté le 29 mai 1883, fut un acheminement vers le succès ; il se produisit enfin avec *Ma Camarade*, comédie en 3 actes, d'Henri Meilhac et Philippe Gille, jouée le 9 octobre.

Daubray, Hyacinthe, Raimond, Hurteaux et Mlle Alice Lavigne, se surpassèrent dans cette œuvre spirituelle et essentiellement amusante.

Mlle Rejane, une toute gracieuse comédienne, récemment échappée du *Vaudeville*, où elle comptait autant de succès que de créations, débutait dans cette pièce et fut chaleureusement applaudie.

Le Train de plaisir, 4 actes, de Victor Hennequin, Mortier et Saint-Albin, succéda le 1er avril 1884 à *Ma Camarade* et fut également acclamé.

Ces deux succès qui élevèrent les recettes à leur maximum vinrent clairement démontrer que l'excellente troupe du Palais-Royal pouvait se suffire à elle-même sans le secours d'étoiles plus ou moins resplendissantes.

L'ancien théâtre de la Montansier est en effet à peu près le seul qui puisse sans danger résister à ce courant ruineux vers lequel sont entraînées les autres scènes de genre. Il n'est pas, d'un autre côté, arrivé comme tant d'autres à ce point de décadence qu'il lui faille exciter les sens à défaut de l'esprit et satisfaire les yeux à défaut de l'oreille. Il n'a qu'à élargir la voie qui lui a été tracée par les maîtres du vaudeville. Celui-ci a disparu il est vrai, mais ses épigrammes malignes, sa fine raillerie des ridicules et des travers de notre espèce, seront toujours les bienvenues sur cette scène, asile fidèle du rire de bon aloi et de la saine et franche gaîté.

Le 23 octobre 1884, on célébra le centenaire du théâtre qui avait ouvert ses portes avec les petits comédiens de son Altesse sérénissime monseigneur le comte de Beaujolais. Tous les bons vivants, qui avaient plus ou moins fait partie de la troupe, furent conviés à ces fraternelles agapes qui se tinrent chez Véfour dans les salons célèbres de l'ancien café de Chartres, au-dessous même de l'appartement jadis habité par La Montansier.

M. Halanzier, que la Société des Artistes-Dramatiques s'honore d'avoir pour président, s'était empressé d'accourir et présida au festin. Réné Luguet n'eût garde d'oublier les couplets de circonstance que son esprit tient toujours en réserve pour les bonnes occasions. On but aux gloires passées, à celles de l'avenir, aux auteurs, au public, aux intelligents directeurs qui ont pour mission de conserver les traditions du passé et qui s'acquittent à merveille de leur rude besogne.

Cette solennité inspira à l'un de nos plus éminents confrères une de ses plus charmantes causeries (1). Il y rappelait, en même temps que les noms des plus joyeux artistes, « les bonnes soirées de rire, toutes les heures de gaîté passées au Palais-Royal », dans ce théâtre qui, selon Jules Janin, « n'a pas son pareil dans le monde entier. On ne peut pas le copier, dit-il, il est parce qu'il est ! Il ne ressemble pas aux *Variétés*, pas au *Gymnase*, encore moins au *Vaudeville*; le couplet, l'esprit, le sel, le bon mot du Palais-Royal ne vivent et ne vivront jamais que là. »

Cette appréciation du grand écrivain serait la justification de notre travail si nous n'avions eu d'autre prétention, en nous y livrant, que celle d'ajouter à l'histoire générale du théâtre en France quelques documents de plus.

(1) Jules Claretie. (Journal *le Temps* du 23 octobre 1884.)

TABLE DES MATIÈRES

PREMIÈRE PARTIE

CHAPITRE PREMIER

Le Palais-Royal en 1781. — Construction d'un théâtre à l'extrémité septentrionale de la galerie Montpensier. — Les Petits comédiens de son Altesse Sérénissime Monseigneur le Comte de Beaujolais. — Leur début. — Description de la nouvelle salle. — Le théâtre des Variétés amusantes. — Le théâtre des Variétés (Palais-Royal). — Le théâtre de la rue Richelieu, dit théâtre du Palais-Royal.. 1

CHAPITRE II

Transformation du théâtre Beaujolais. — Mimes et acteurs. — Le théâtre Beaujolais considéré comme une école dramatique. — Son succès. — Réclamations des Comédies française et italienne. — Défense de parler ou de chanter de la coulisse. — Le *Deus ex machina* 13

CHAPITRE III

Mlle Montansier. — Son départ de Bayonne. — Son arrivée à Paris. — Ses différentes directions théâtrales. — Son séjour à Versailles. — Le théâtre de la rue de Satory. — Le *Théâtre des Enfants-de-France.* — Le théâtre de la rue des Réservoirs. — Départ de Mlle Montansier pour Paris... 23

CHAPITRE IV

Réouverture du théâtre Beaujolais sous la direction de Mlle Montansier. — Théâtre Montansier. — *Le Sourd ou l'Auberge pleine.* — Baptiste Cadet. — Les Acteurs du théâtre Montansier à la fête de la Fédération. — La Tragédie au théâtre Montansier. — Les demoiselles Sainval. — Débuts de Mlle Mars............. 32

CHAPITRE V

Le salon de Mlle Montansier. — Camille Desmoulins. — La patrie en danger. — La Compagnie Montansier. — Jemmapes. — Représentation sur le champ de bataille. — Théâtre de la place Louvois. — Théâtre du Péristyle du Jardin-Égalité. — Théâtre de la Montagne..... 48

CHAPITRE VI

Le théâtre *Montansier-Variétés.* — *Le Concert de la rue Feydeau.* — Départ de Mlle Mars. — Engagement de Brunet et de Mlle Baroyer. — Nouvelle direction ... 62

CHAPITRE VII

Le foyer du théâtre Montansier. — Le Commissaire Robillard. — Martainville. — Dorvigny. — Aude. — Les deux Segur. — Francis d'Allarde. — Capelle... 78

CHAPITRE VIII

Nicodème dans la lune. — Le Bouffe et le Tailleur. — Les Chevilles de Maître Adam. — Le Vaudeville Grivois. — Débuts de Mlle Flore, — de Monrose. — Adieux au public du Palais-Royal........................... 95

CHAPITRE IX

Théâtre du Palais-Variétés. — L'acteur Beaulieu et le libraire Barba. — La Famille des Innocents. — Forioso et les frères Ravel. — La Malaga. — Les jeux forains. — Le Café de la Paix. — Le Fauteuil de la Montansier... 107

DEUXIÈME PARTIE

CHAPITRE PREMIER

Un nouveau privilège de théâtre. — Charles Contat-Desfontaines, dit Dormeuil. — L'Ancien Chef du Bureau des Théâtres au Ministère de l'Intérieur. — Réouverture ne l'ancienne salle Montansier, sous le titre de Théâtre du Palais-Royal. — Lepeintre aîné. — Sainville. — Boutin. — Regnier. — Mmes Tobi — Baroyer — Elomire — Déjazet. — Notes biographiques............... 125

CHAPITRE II

Débuts de Samson. — Rachel jugée par Provost.— Jenny-Colon et son fils. — Débuts de Derval. — *Un Souvenir de Juillet.* — *Les Chansons de Béranger.* — Débuts de Boutin — de Lhéritier — de Palaiseau. — Dumersan, conservateur des médailles. — Débuts de Philippe. — *Santeuil ou le Chanoine au Cabaret.* — Théaulon. — Choquart.— Les frères Dartois.— Débuts de Potier. 144

CHAPITRE III

Débuts de Levassor. — La Chansonnette au Palais-Royal. Débuts d'Alcide Tousez. — *Un Scandale.* — *Les Quatre Ages du Palais-Royal.* — Débuts de Leménil. — *La Salamandre.* — Débuts d'Achard — de Mme Delille. — *Les Beignets à la Cour.* — Mlle Emma. — Les frères Cogniard. — *Frétillon.* — Débuts de Charlotte Dupuis. — *La Fiole de Cagliostro.* — Edouard Brisebarre. — *Le Porthos* d'Alexandre Dumas................... 167

CHAPITRE IV

Les privilèges du Gymnase et du Palais-Royal. — *Bobèche et Galimafré.* — Bobèche et Talma. — *L'Hôtel des Haricots.* — *Bruno le Fileur.* — *Le Cafe des Comédiens.* Débuts de Faugère — de Grassot — Labiche et ses collaborateurs. — *Les premières armes de Richelieu.* — Débuts d'Oscar — de Ravel — de Mlle Farguiel — d'Aline Duval. — Mme Clairville et ses fils. — Déjazet quitte le Palais-Royal.— Sa biographie........... 184

CHAPITRE V

Débuts de Réné Luguet — de Mlle Duverger — d'Hyacinthe — d'Alice Ozy. — Résurrection du théâtre Montansier. — Débuts de Bache — de Céline Montaland. — *Le Chapeau de paille d'Italie.* — Débuts de Mme Thieret — de Brasseur — de Gil-Perez. — Lambert Thiboust. — Commerson. — Débuts d'Henri Monnier. — Camille Doucet et son horrible bienveillance.— Débuts d'Arnal, de Mlle Boisgontier — de Lassouche — de Delannoy — de Pradeau — d'Hortense Schneider — Victorien Sardou.. 224

CHAPITRE VI

Léon Dormeuil et Plunkett. — *Les Mémoires de Mimi Bamboche.* — Rigolboche. — *La Mariée du Mardi-Gras.* — Débuts de Priston. — *Nos Intimes,* de Victorien Sardou et *Les Intimes,* de Duvert et Lauzanne. — Frédéric Lemaître. — Débuts de Geoffroy — de Mlle Alice Théric. — *Célimare le bien-aimé.* — *Les Diables roses.* — Débuts de Berthelier. — *La Cagnotte.* — *Les Pommes du Voisin.* — Débuts de Mlle Honorine. — *Les Mémoires de Thérésa.* — Débuts de Mlle Massin.. 256

CHAPITRE VII

Le Myosotis. — *La Vie parisienne.* — Débuts de Mlle Zulma Bouffar — de Gobin — d'Alphonsine — de Lacombe. — *Le Carnaval d'un Merle blanc.* — Débuts de Julia Baron. — Adolphe Choler, directeur. — Fillion, régisseur général. — *Gavaut, Minard et Cie.* — Débuts de

Mlle Silly, — de Blanche d'Antigny. — Représentation au Palais de Compiègne. — *Le plus heureux des trois.* — Le Palais-Royal à Monte-Carlo. — *Vinciguerra le bandit.* — *Les Points noirs*..................... 267

CHAPITRE VIII

Tricoche et Cacolet. — Débuts de Calvin, — de Montbars, etc., etc.— *Le Hussard persécuté.* — *La Boule.* — Débuts de Raymond, etc., etc. — Rodriguèz et Valaire. — Débuts de Fusier, — de Mlle Mathilde, — de Mlle Ghinasi, — de Jane Hading. — *Les Locataires de M. Blondeau.* — Débuts de Daubray, — d'Alice Lavigne, etc., etc... 279

CHAPITRE IX

Nouvelle direction. — MM. Briet et Delcroix. — Restauration de la salle. — Réouverture. — Prologue de Théodore de Banville. — Le foyer d'aujourd'hui. — Le bain à quatre sous. — *Divorçons.* — Mme Céline Chaumont. — *Monsieur Garat.* — *Ma Camarade.* — *Le Train de plaisir.* — Fête du Centenaire. — Conclusion.. 291

LIBRAIRIE PAUL OLLENDORFF
28 bis, RUE DE RICHELIEU, PARIS.

HISTOIRE UNIVERSELLE DU THÉATRE
par Alphonse Royer

Six forts volumes in-8º.................................... 45 »
Les tomes V et VI qui embrassent la production dramatique européenne du XIXe siècle et qui forment à eux seuls un ouvrage complet se vendent séparément. Ils ont pour titre :

Histoire du Théâtre contemporain, *en France et à l'Etranger, depuis 1800 jusqu'à 1875*, par Alphonse Royer. 2 forts vol. in-8º... 15 »

ALBUM DE LA COMÉDIE-FRANÇAISE
par F. Febvre et T. Johnson

Avec une lettre autographe d'Alexandre Dumas fils et un frontispice, par Sarah Bernhardt

Publication de luxe, ornée de 26 eaux-fortes hors texte, dont 23 sont les portraits avec autographes des Sociétaires actuels de la Comédie-Française. 1 beau vol. gr. in-4o sur papier teinté   25 »

LE MUSÉE DE LA COMÉDIE-FRANÇAISE, par **René Delorme**, ouvrage honoré d'une Souscription du Ministère de l'Instruction publique et du Ministère des Beaux-Arts. Un beau volume in-4º, imprimé avec luxe sur papier vergé teinté, tirage à petit nombre................... 10 »

La Comédie-Française à Londres (1871-1879), journal inédit de E. Got. — Journal de F. Sarcey, publiés avec une introduction, par Georges d'Heylli. 1 vol. in-16, sur papier vergé de Hollande   3 »

Mémoires de Samson, de la Comédie-Française. 1 vol. gr. in-18.   3 50

Histoire de Ruy-Blas, par Alexandre Hepp et Clément Clament. In-18.. 1 50

Théâtre de Campagne, recueil de comédies de salon, par les meilleurs auteurs dramatiques contemporains (huit séries ont paru). Chaque série, formant 1 vol. gr. in-18 jésus, est vendue séparément... 3 50

Théâtre d'adolescents, par Adolphe Carcassonne. 1 vol. gr. in-18   3 50

Théâtre à la Ville, comédies de Cercles et de Salons, par Eugène Cellier. 1 vol. gr. in-18.................................. 3 »

Scènes à deux, par Adolphe Carcassonne. 1 vol. gr. in-18...   3 50

Monologues comiques et dramatiques, par Grenet-Dancourt, 1 vol. gr. in-18... 3 50

Disons des Monologues, par Paul Lheureux, 1 vol. gr. in-18.   3 50

A côté de la Rampe, comédies et saynètes, par Edouard Romberg. 1 vol. gr. in-18... 3 50

www.ingramcontent.com/pod-product-compliance
Lightning Source LLC
Chambersburg PA
CBHW052241220526
45471CB00001B/132